Felice approdi

Percorsi di metodo, generi, temi

Scuola di scrittura

a cura di Silvia Fantacci

www.mondadorieducation.it

Prima edizione: gennaio 2016

Edizioni
10 9 8 7 6 5 4
2020 2019 2018 2017

Il Sistema Qualità di Mondadori Education S.p.A. è certificato da Bureau Veritas Italia S.p.A. secondo la Norma UNI EN ISO 9001:2008 per le attività di: progettazione, realizzazione di testi scolastici e universitari, strumenti didattici multimediali e dizionari.

Questo volume è stampato da:
LTV - La Tipografica Varese Srl, Varese
Stampato in Italia - Printed in Italy

Redazione	Irene Marini
Progetto grafico	Alfredo La Posta
Impaginazione	Silvia Pacchiarini
Art direction del progetto grafico della copertina	46xy studio
Copertina	Alfredo La Posta
Ricerca iconografica	Martina Giorgi
Referenze iconografiche	iStock by Getty Images

La realizzazione di un libro scolastico è un'attività complessa che comporta controlli di varia natura. Essi riguardano sia la correttezza dei contenuti che la coerenza tra testo, immagini, strumenti di esercitazione e applicazioni digitali. È pertanto possibile che, dopo la pubblicazione, siano riscontrabili errori e imprecisioni.

Mondadori Education ringrazia fin da ora chi vorrà segnalarli a:

Servizio Clienti Mondadori Education
e-mail *servizioclienti.edu@mondadorieducation.it*
numero verde **800 123 931**

BEATRICE GALLI   MARIA LETIZIA QUINZIO

FELICI APPRODI

Percorsi di metodo, generi, temi

Scuola di scrittura

a cura di Silvia Fantacci

EINAUDI SCUOLA

PREMESSA

"Che cosa fai? Vivo.
Quando sei in forma? Scrivo".
Da (*Tanto*)[3], Lorenzo Cherubini

Lo scrittore Italo Calvino, incalzato dal quotidiano parigino «Libération» a rispondere alla domanda *Perché scriviamo?*, individua tre motivazioni:

> Perché scrivo?
> 1. Perché sono insoddisfatto di quel che ho già scritto e vorrei in qualche modo correggerlo, completarlo, proporre un'alternativa. [...]
>
> 2. Perché leggendo X (un X antico o contemporaneo) mi viene da pensare: «Ah, come mi piacerebbe scrivere come X! Peccato che ciò sia completamente al di là delle mie possibilità!» Allora cerco di immaginarmi questa impresa impossibile, penso al libro che non scriverò mai ma che mi piacerebbe poter leggere [...]. Ed ecco che già qualche parola, qualche frase si presentano alla mia mente...
>
> 3. Per imparare qualcosa che non so. Non mi riferisco adesso all'arte della scrittura, ma al resto: a un qualche sapere o competenza specifica, oppure a quel sapere più generale che chiamano «esperienza della vita».
>
> (da *Io ho detto che...*, «La Repubblica», 31 marzo-1 aprile 1985)

Ecco che la scrittura si configura come un desiderio, un insegnamento e un costante esercizio. Scrivere è soprattutto *riscrivere*. Nei suoi *Consigli a un giovane scrittore* (1996), Vincenzo Cerami osservava: «Se si potessero sommare assieme i momenti di creazione pura che uno scrittore (grande quanto si voglia) sperimenta in tutta la sua esistenza, non si arriverebbe neanche a cinque minuti. Tutto il resto è *machine*, lavoro quotidiano, falegnameria, talvolta persino routine».

Questo volumetto vuole essere una palestra per esercitarsi nella difficile arte della scrittura: offre suggerimenti e tecniche per affrontare lo scoglio della "pagina bianca", quando pensiamo "Non so che scrivere!" oppure "Non so come cominciare", e propone attività per cimentarsi in varie tipologie di scrittura, per individuare e migliorare il proprio stile.

La prima parte è dedicata all'acquisizione di alcuni "strumenti di lavoro", indispensabili ogni volta che ci si trova a scrivere un testo, mentre nella seconda vengono proposte attività di scrittura funzionale per imparare a comunicare al meglio nell'ambito scolastico, professionale e quotidiano. L'ultima sezione è infine dedicata alla scrittura creativa: una serie di laboratori suggeriranno semplici tecniche e ispirazioni, in prosa e in poesia, per dare libero sfogo alla fantasia.

Gli esercizi di scrittura sono anche occasioni per leggere alcuni testi integrali o "assaggi" di romanzi: in questi casi, se la lettura ti avrà catturato, non sarà difficile reperirli e scoprirli per intero.

Per concludere, non dimentichiamo cinque semplici regole (che possono riassumere il lavoro proposto in questo volume) da tenere presenti quando dobbiamo, vogliamo, desideriamo scrivere qualcosa:

- leggi (libri, giornali, saggi, siti, blog ecc.);
- scrivi e *ri*scrivi;
- leggi*ti* e rileggi*ti*;
- fai leggere ciò che scrivi;
- fai tesoro delle critiche.

Buona scrittura!

INDICE

STRUMENTI DI LAVORO ED ESERCIZI DI RISCALDAMENTO

ATTIVITÀ DI SCRITTURA FUNZIONALE

LABORATORI DI SCRITTURA CREATIVA

PARTE I

STRUMENTI DI LAVORO ED ESERCIZI DI RISCALDAMENTO

ALLENAMENTO 1

PRENDERE APPUNTI

Nel tuo percorso scolastico avrai già sperimentato quanto sia fondamentale padroneggiare una tipologia particolare di scrittura: gli appunti.
Saper prendere appunti mentre si ascolta una lezione significa infatti essere in grado di utilizzare una delle tecniche più efficaci per memorizzare e cogliere i punti essenziali di un testo orale.
Immaginiamo di ascoltare una lezione di storia sul Mediterraneo:

«... il mar Mediterraneo, come ricorda il vostro libro alle pagine 230-233, è stato definito in modi diversi attraverso i secoli: per Omero era "il mare color porpora", forse alludendo ai colori delle acque insanguinate, i Romani lo chiamarono "Mare nostrum", per sottolineare che predominavano sui vari paesi che si affacciavano sul bacino mediterraneo, infine l'impero turco lo definì "lago islamico", alludendo alla diffusione della religione di Maometto nelle terre intorno a quest'area. Interessanti sono le definizioni più moderne di questo mare: lo storico Fernand Braudel (come ricorda Franco Cardini nel suo libro sul Mediterraneo, *Il grande blu*, di cui abbiamo letto in classe qualche pagina... mi raccomando rileggetelo con attenzione!) lo immagina come un "continente liquido", mentre per lo scrittore israeliano Meir Shalev il Mediterraneo è un "cortile di popoli". Se focalizziamo la nostra attenzione su queste ultime definizioni coglieremo una delle caratteristiche essenziali di questo mare: l'essere stato e l'essere tutt'oggi uno spazio d'incontro tra popoli e culture diverse, all'incrocio tra Europa, Africa, Asia. Per questo motivo alcuni parlano anche di una "identità mediterranea", per distinguere questo luogo geografico assolutamente unico, la cui essenza scaturisce proprio dalla fusione di culture e tradizioni diverse. Ma vediamo quali popoli e culture si sono affacciate sul Mar Mediterraneo attraverso i secoli... (*continua*)».

Ora ricaviamo alcune semplici regole per costruire appunti davvero funzionali:

1. Annotare in alto l'**argomento principale**, la **data** ed eventualmente il nome di chi parla;
2. Individuare i **concetti più importanti** e annotarli in forma sintetica, utilizzando eventualmente elenchi;
3. Scrivere accanto ai concetti principali le **informazioni secondarie**, utilizzando, se occorrono, frecce di collegamento o altri simboli per evidenziare i legami logici;
4. Al termine dell'ascolto rivedere gli appunti per integrarli o correggerli.

Ecco gli appunti della lezione di storia che immaginiamo di aver ascoltato.

Martedì 10 febbraio 2015, prof. ssa Nesi - Storia

Il Mediterraneo nei secoli

Varie definizioni di **MAR MEDITERRANEO** (pp. 230-233)

- Omero = "mare color porpora" → sangue
- Romani = "mare nostrum" → predominio sui paesi
- Impero turco = "lago islamico" → diffusione dell'Islam
- Fernand Braudel = "continente liquido" → cfr. F. Cardini, *Il grande blu* !!!
- Meir ??? = "cortile di popoli"

Spazio d'incontro tra popoli e culture tra Europa, Asia e Africa
↓
identità mediterranea

Dal momento che i concetti vanno annotati nella forma più sintetica possibile (gli appunti devono infatti essere schematici, per evidenziare immediatamente i nodi essenziali del testo) ecco altre indicazioni utili:

- usa **parole brevi** e **abbreviazioni** (tra le più frequenti troviamo: es. = esempio; p. e pp. = pagina / pagine; cfr. = confronta);
- segnala il diverso livello di importanza dei concetti usando il **maiuscolo** e le **sottolineature**;
- usa la **punteggiatura** per segnalare, ad esempio, un elemento importante (!) o poco chiaro (?), le parentesi tonde per indicare parti accessorie e le graffe per collegare un insieme di elementi a un solo concetto;
- elimina gli elementi grammaticali non indispensabili per la comprensione del testo (articoli, preposizioni, verbi ausiliari ecc.);
- per abbreviare utilizza sostantivi al posto di aggettivi e verbi (per esempio, *predominavano sui vari paesi* = predominio);
- usa **simboli** o segni convenzionali per indicare collegamenti cronologici (1, 2, 3; a, b, c ecc.) e logici. Ti proponiamo alcuni dei più frequenti:

SIMBOLO	SIGNIFICATO
=	*uguale, significa, cioè*
≠	*diverso, al contrario, invece*
→	*quindi, perciò* (conseguenza logica); *poi, in seguito* (conseguenza temporale)
↔	interazione tra due elementi

ALLENAMENTO 2

COSTRUIRE MAPPE CONCETTUALI

Per studiare un argomento di una qualsiasi materia potrà esserti utile costruire una mappa concettuale, a partire dai capitoli del manuale o dagli appunti presi durante la spiegazione. La mappa è composta da riquadri – che solitamente contengono concetti e parole-chiave – e frecce, che esprimono i rapporti tra gli elementi (dipendenza, analogia, contiguità ecc.). Esistono due tipi principali di mappe concettuali:

- **mappa ad albero**, ossia sviluppata in verticale, utile per mettere in evidenza la gerarchia tra gli elementi o la dipendenza di un concetto da un altro:

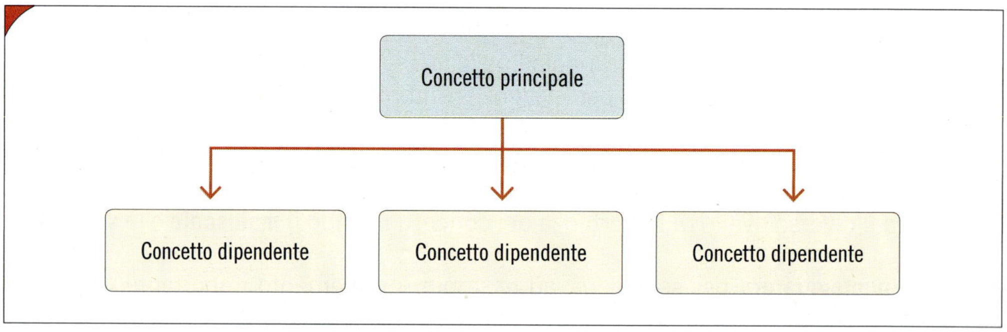

- **mappa a rete**, quando la disposizione degli elementi è circolare, e intorno a uno o più elementi centrali si legano altri di pari importanza o collegati da rapporti di somiglianza, analogia, esemplificazione:

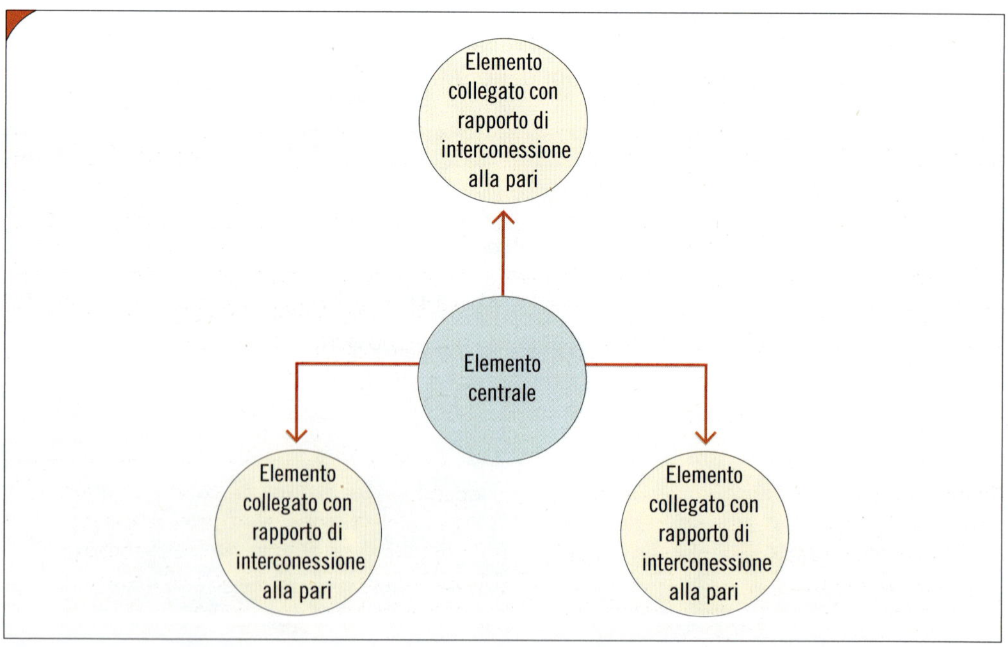

Per costruire una mappa concettuale, dovrai seguire questi passaggi:

1. **selezionare i temi** da mettere in evidenza e scegliere **parole-chiave** che li rappresentino: le mappe dovranno contenere poche e significative parole;
2. chiarire lo **scopo** per cui costruiamo la mappa (se, per esempio, ci serve per ricordare alcuni elementi, quelli dovranno essere posti in evidenza);
3. scegliere un **titolo** che sintetizzi l'argomento generale;
4. individuare e organizzare **i rapporti e le connessioni** tra gli elementi della mappa e, in base a questo, scegliere la tipologia di mappa più opportuna.

Se riprendiamo gli appunti sul mar Mediterraneo, vediamo che la mappa più congeniale da utilizzare potrebbe essere quella a rete:

DEFINIZIONI DEL MAR MEDITERRANEO NEI SECOLI ⟶ titolo dell'argomento generale

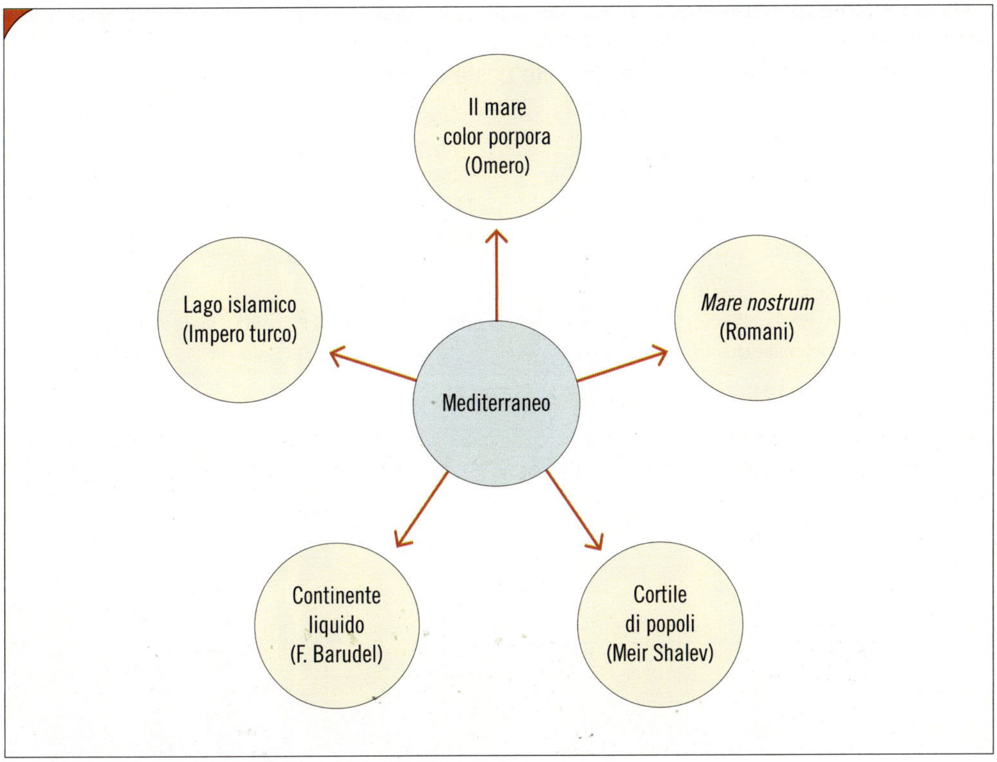

Dal cerchio centrale, in cui è individuato l'argomento generale, partono a raggera le varie definizioni: si collocano tutte sullo stesso piano di parità e non dipendono gerarchicamente l'una dall'altra, perciò non sarebbe appropriato usare uno schema ad albero.

Alleniamoci!

Prendi appunti durante la lezione di una qualsiasi materia scolastica mentre l'insegnante spiega un nuovo argomento. In alternativa puoi allenarti insieme a un compagno: mentre uno dei due legge un capitolo del libro di storia (o di una materia a vostro piacere), l'altro dovrà prendere appunti, schematizzando così il contenuto del capitolo. Alla fine costruite una mappa concettuale dell'argomento.

ALLENAMENTO 3

DESTINATARI, SCOPI, REGISTRI DELLA SCRITTURA

Quando si scrive occorre tener presenti alcuni fattori fondamentali:

- **per chi** si scrive, ovvero il **destinatario** della scrittura;
- **perché** si scrive, ovvero lo **scopo comunicativo** della scrittura;
- **come** si scrive, ovvero il **registro linguistico** adatto al destinatario e allo scopo comunicativo.

Se non teniamo presenti questi tre elementi la comunicazione può essere totalmente inefficace.
Confrontiamo i testi seguenti inviati tramite posta elettronica:

destinatario: un conoscente con cui non si ha un rapporto di confidenza.
scopo: invito.
registro: formale.

Gentile Dott. Rossi,
siamo lieti di invitarla all'inaugurazione del nostro nuovo negozio di Pistoia in viale Adua 15 il giorno 25 giugno dalle ore 18.

Cordialmente
Luisa e Francesco Gestri

destinatario: un amico.
scopo: invito.
registro: informale.

Ciao Luigi,
hai finito di aspettare... finalmente apriamo il nostro nuovo negozio a Pistoia! Siamo in viale Adua 15 e giovedì 25 ci sarà l'inaugurazione dalle 18 in poi... non puoi mancare!

Baci
Luisa e Francesco

I due messaggi hanno lo stesso scopo e un diverso rapporto tra mittente e destinatario, per cui il registro deve essere adeguato (formale o informale). Da questo punto di vista, in particolare si notano:

- l'uso di una diversa formula di apertura (Gentile dott. Rossi *vs* Ciao Luigi);
- l'uso di forme di cortesia (uso del lei *vs* uso del tu);
- l'uso di diverse formule di chiusura (cordialmente *vs* baci).

Vediamo schematicamente quali sono le differenze tra i due tipi di registro.

Registro formale →
- Situazioni comunicative formali (per esempio pubbliche o ufficiali)
- Rapporto non confidenziale con il destinatario

→
- Uso del pronome di terza persona singolare (lei)
- Uso di formule di cortesia
- No alle abbreviazioni
- No alle espressioni del linguaggio colloquiale

ATTENZIONE !

Utilizzare un registro formale non significa necessariamente usare formule stereotipate ormai cadute in disuso: per esempio, iniziare una e-mail con la formula "Illustrissimo signor direttore" sarebbe del tutto inappropriato e fuori luogo.

Registro informale →
- Situazioni comunicative informali
- Con il destinatario si ha un rapporto familiare e amichevole o alla pari

→
- Uso del pronome di seconda persona singolare (tu)
- Uso di parole ed espressioni del linguaggio colloquiale
- Uso di abbreviazioni

Confrontiamo adesso i due testi seguenti.

Il Golden Retriever è un cane allegro, intelligente, vispo, tenero e dolce, educato e giocherellone. Apprezzato per la sua lealtà e fedeltà, è adatto sia per la guardia sia per la compagnia.
È amante delle persone e delle carezze, e non si allontana di un passo da chiunque gliene elargisca; è obbediente ed equilibrato, affettuoso senza essere troppo invadente, facilmente educabile ed adattabile alla vita cittadina anche in appartamento (in questo caso però attenzione a non fargli mancare momenti di attività all'aperto, per permettergli di dare libero sfogo alla sua energia).
È molto amichevole nei confronti delle altre razze, generalmente non crea problemi di convivenza con i gatti o con altri animali domestici. Ama moltissimo stare all'aperto e fare lunghe passeggiate ed esplorazioni.
I Golden Retriever stanno bene dove c'è il loro amico umano: se avete un giardino, va benissimo naturalmente; se non l'avete non fa nulla perché tanto il cane starà sempre dove siete voi.
I Golden Retriever sono cani che hanno un grande bisogno della compagnia umana: si sentono parte viva e integrante del branco in cui vivono e cercano di rendersi utili per quanto possono. A volte però sono un po' tontoloni, bisogna dirlo, per cui si può assistere a dei siparietti veramente deliziosi.

Il mio cane Blanco è un Golden Retriever. È un vero terremoto: non riesco nemmeno più a contare quanti calzini e tappetini abbia distrutto, quante scarpe abbia morsicato, quante buche abbia scavato in giardino... ogni volta che rientro a casa mi salta addosso (non sono proprio riuscito a educarlo!) e spesso mi ritrovo la maglia bucata per i suoi scherzetti... Ama andare in giro a passeggio, ma direi che con lui la passeggiata non è proprio rilassante... tira il guinzaglio come fosse un cane da slitta e non vorrebbe mai tornare a casa. La sua vivacità però è contagiosa: mi trasmette una grande energia e gioia di vivere e anche quando (molto spesso!) combina guai riesce sempre a farsi perdonare, specialmente se inizia a guardarti con quei suoi occhi marroni, intensi e profondi. Non si staccherebbe mai da me, potrebbe vivere anche in un metro quadrato pur di starmi accanto. Adora le coccole: ama riceverle e farle a me, nel suo modo tutto speciale.

I due testi hanno:

- lo stesso argomento, cioè la descrizione di un cane, il Golden Retriever;
- potenzialmente anche lo stesso destinatario;
- un diverso scopo comunicativo: la prima descrizione è oggettiva, vuole trasmettere una serie di informazioni, mentre la seconda è soggettiva e lascia trasparire le emozioni di chi scrive. Per questo motivo vengono utilizzati due diversi registri linguistici.

Alleniamoci!

1. Immagina di far parte di una band musicale, con la quale suonerai in un locale il prossimo sabato: scrivi una e-mail a un amico per invitarlo e un'altra a un giornalista tuo conoscente, che nel suo lavoro di occupa di musica e spettacoli, che potrebbe pubblicare un articolo sulla serata.

2. Scegli l'album di un artista che ti piace particolarmente. Fornisci prima una descrizione oggettiva delle sue caratteristiche (numero e tipologia dei brani, copertina, prezzo ecc.), poi un'altra soggettiva per convincere un amico ad acquistarlo.

ALLENAMENTO 4

PROGETTAZIONE, STESURA, REVISIONE DEL TESTO

Nell'apprestarsi a scrivere dovremmo tenere presenti le parole del poeta russo Žukovskij: «Quel che si scrive con fatica si legge con facilità». Spesso siamo portati a considerare scrittura solo la fase della stesura di un testo, mentre per ottenere un buon risultato sono fondamentali sia la fase preparatoria alla stesura, cioè la progettazione del testo, sia l'operazione di revisione. La scrittura è pertanto un *processo*, un continuo *work in progress*, perché quanto scriviamo può essere perfezionato, corretto, modificato, per raggiungere un risultato sempre migliore. Per realizzare un qualsiasi prodotto di scrittura dovremmo perciò trovare un metodo di lavoro, in parte personale e diverso per ogni individuo, ma pur sempre comprensivo delle tre fasi del processo di scrittura: progettazione, stesura, revisione.

PROGETTARE IL TESTO

La prima operazione da compiere quando dobbiamo scrivere un testo è la **pianificazione** del lavoro. Essa si compone di tre momenti:

1. Analisi della situazione comunicativa

In questa fase dobbiamo chiarire a noi stessi:
- lo scopo per cui si scrive;
- il destinatario;
- la tipologia di testo e il registro da usare.

Nel caso in cui ci sia richiesto di svolgere un tema, in questa fase dobbiamo analizzare bene il titolo per comprendere quali argomenti dobbiamo sviluppare.

2. Raccolta delle idee

È il momento di superare l'ansia del foglio bianco, che spesso ci fa dire "non ho niente da scrivere" oppure "non so come cominciare": non dobbiamo iniziare a stendere il testo, ma solo raccogliere delle idee, in maniera libera e casuale. Possiamo servirci di alcune tecniche:
- il brainstorming: sul foglio bianco lascio correre liberamente il pensiero e annoto quello che ci viene in mente sotto forma di parole-chiave, senza un ordine preciso;
- griglie di domande a cui rispondere in forma sintetica;
- altri tipi di schema più congeniali all'argomento che devo trattare.

Per esempio, nel caso di un tema dal titolo "Io e lo sport", potrà essere utile utilizzare la tecnica del brainstorming, mentre di fronte a un titolo come "Racconta un evento sportivo che ti è rimasto nel cuore" è più indicato fare ricorso alla famosa **griglia delle 5W e 1H** del giornalismo anglosassone: *Who*/Chi; *What*/Che cosa; *Where*/Dove; *When*/Quando; *Why*/Perché; *How*/Come.
Infine, per un titolo come "Illustra il problema dell'inquinamento dovuto ai rifiuti urbani, suggerendo possibili soluzioni" può essere utile raccogliere le idee seguendo uno schema del tipo *cause - conseguenze - soluzioni*.
Altri titoli suggeriscono già di per sé come raccogliere le idee in quella che sarà la scaletta da utilizzare.

3. Elaborazione della scaletta

Costruire una scaletta è un passaggio fondamentale per costruire un testo coerente, in quanto significa dare un ordine alle idee, esplicitando i rapporti che legano le une alle altre. Sarà dunque necessario:

- definire l'idea centrale che intendo sviluppare nel testo;
- raccogliere le idee in gruppi, assegnando a ciascuna un titolo costituito da una parola-chiave che ne definisca l'argomento principale;
- ordinare i gruppi di idee, collegando le idee in modo logico ed eliminando quelle non pertinenti o ripetitive;
- introdurre citazioni, esempi, opinioni personali (se richieste dalla tipologia di testo) e stabilire dove inserirle.

Prendiamo per esempio il titolo "La gita scolastica: spiega in che cosa consiste e che cosa rappresenta questa esperienza per i ragazzi della tua età, a prescindere dalla meta del viaggio, e illustra le emozioni, le speranze o le delusioni che la accompagnano, basandoti anche sulle tue esperienze personali e riferendoti a luoghi e persone".
La scaletta potrebbe essere:

1. la gita scolastica: in che cosa consiste, com'è organizzata, quanto è importante (introduzione);
2. le emozioni e le speranze della partenza;
3. il viaggio (treno, autobus, aereo ecc.);
4. le emozioni provate durante le visite;
5. il rapporto con i compagni e i professori;
6. alcune possibili delusioni;
7. la mia esperienza personale (es.: una gita che ricordo in particolare: Vienna);
8. conclusioni: l'importanza delle gite come prima esperienza per conoscere il mondo e le persone.

STENDERE IL TESTO

Ecco arrivato il momento di scrivere il nostro testo: seguiamo la scaletta, eventualmente modificandola e integrandola con nuovi elementi suggeriti durante il processo di scrittura. L'argomento principale di ogni gruppo di idee sarà sviluppato in un *paragrafo*, cioè una porzione di testo compresa tra due capoversi dedicata a un tema specifico: i vari punti della scaletta saranno perciò affrontati in vari paragrafi, i quali dovranno essere collegati gli uni agli altri con gli opportuni connettivi (vedi allenamento n. 6).
Non dobbiamo dimenticare di prevedere un paragrafo di *introduzione*, mirato anche a catturare l'attenzione di chi legge, e uno dedicato alle *conclusioni*, dove in genere si "tirano le fila" del ragionamento.
In fase di stesura dovrò quindi fare attenzione a:

- verificare lunghezza, completezza e coerenza di ogni paragrafo, nonché al collegamento con quello precedente e seguente;
- usare un registro linguistico adatto allo scopo e al destinatario;
- controllare la costruzione delle frasi, evitando periodi troppo lunghi e articolati.

REVISIONARE IL TESTO

Revisionare il testo non significa semplicemente dargli una veloce rilettura per controllare l'ortografia, come a volte accade. La revisione è un'operazione irrinunciabile per creare un buon testo e il lavoro può essere anche molto lungo e portare a una quasi totale riscrittura del testo. Revisionare il testo significa rivedere e riorganizzare le idee che abbiamo espresso, riflettere su quanto abbiamo scritto e riscriverlo, se necessario.
La revisione dovrà riguardare due diversi aspetti:

- **il contenuto**: verifico se il testo che ho scritto risponde a quanto mi è stato chiesto, se esprime in modo chiaro ed esaustivo l'idea che voglio trasmettere, se è privo di inutili ripetizioni, salti logici o passaggi poco chiari. Se rilevo degli errori, intervengo riformulando o

riordinando le idee, eliminando le parti inutili, sintetizzando quelle troppo lunghe, inserendo nuove idee se necessario, inserendo gli opportuni connettivi dove ci siano salti logici;
- **la forma**: verifico la correttezza ortografica, morfologica e sintattica del testo. Se trovo degli errori, intervengo controllando sul vocabolario le forme su cui ho dubbi, anche riscrivendo i passaggi troppo elaborati o troppo banali, arricchendo il lessico e modificando, se necessario, l'aspetto grafico per rendere più agevole la lettura.

La revisione è dunque un'operazione di auto-correzione, per la quale può essere utile seguire una griglia di domande, come quella che ti proponiamo di seguito.

LE DOMANDE-GUIDA PER LA REVISIONE DEL TESTO

Ecco alcune semplici domande-guida che ti saranno utili per revisionare il testo, sul piano del contenuto e della forma.

Contenuto
- Il testo è attinente alla consegna (argomento e tipologia di testo richiesti)?
- Il testo è adeguato alla situazione comunicativa (destinatario, scopo, registro)?
- Ho rispettato l'ordine della scaletta? Le eventuali modifiche alla scaletta sono efficaci?
- L'idea centrale è espressa in modo chiaro ed esaustivo?
- La suddivisione in paragrafi è adeguata?
- Sono chiari i nessi logici e i collegamenti tra i vari paragrafi?
- Ci sono tutte le informazioni necessarie per la comprensione del testo?
- Ci sono idee inutili o ripetitive?
- Ho introdotto idee originali e non banali?
- Ho arricchito le mie affermazioni con esempi, citazioni o adeguata documentazione (soprattutto se richiesto nella consegna)?
- L'introduzione è sufficientemente accattivante?
- La conclusione riesce davvero a sintetizzare il ragionamento affrontato?

Forma
- Ho controllato l'ortografia, soprattutto gli errori che commetto più frequentemente (accenti e apostrofi, doppie, h, gruppi consonantici dubbiosi, plurali, divisione delle parole, maiuscole ecc.)?
- Ho controllato la morfologia (concordanze tra sostantivi e aggettivi, soggetto e verbo, tempi verbali, pronomi ecc.)?
- Ho controllato la sintassi (costruzione delle frasi, uso delle congiunzioni ecc., in particolare facendo attenzione agli errori più comuni, come frasi lasciate in sospeso, cambiamenti di soggetto, frasi troppo lunghe e articolate, uso eccessivo delle stesse congiunzioni, ad es. *e, ma, perché*...)?
- Ho utilizzato correttamente la punteggiatura?
- Ho utilizzato un lessico vario e appropriato?
- Ho scelto uno stile adeguato alla situazione comunicativa? L'ho mantenuto in tutte le parti del testo?
- Ho curato l'aspetto grafico del testo (in particolare la suddivisione in paragrafi mediante gli "a capo")?

Alleniamoci!

Ti forniamo di seguito una serie di testi da scrivere. Allenati affrontando le varie fasi di scrittura (progettazione, stesura, revisione); poi confrontati con un compagno, e revisionate a vicenda i testi che avete scritto.

a. Lettera al sindaco: la città che vorrei.
b. Chi sono, come vorrei essere, come mi vedono gli altri.
c. Facebook, Twitter, Instagram: il mio rapporto con i social network.
d. Un giorno che non dimenticherò facilmente.
e. La scuola sta organizzando uno spettacolo per raccogliere fondi per la ristrutturazione: prepara il volantino di invito.

ALLENAMENTO

5

DARE COERENZA E COESIONE AL TESTO

Leggi attentamente i due testi che ti proponiamo.

La prima volta che incontrai Teresa era seduta di fronte alla macchinetta del caffè, aula B, primo piano, Facoltà di Lettere. Era forse il 2003. Mi colpì il suo modo, delicato e distratto, di sfogliare le pagine del block notes sorseggiando la sua bevanda. Io adoro il caffè, è la mia bevanda preferita.
Io ero all'epoca uno di quegli studenti sempre impegnati in riunioni, contestazioni, progetti da organizzare e volantini da distribuire, lei mi sembrò una sognatrice incallita. L'aula B era sempre affollata e non c'erano mai posti a sufficienza per seguire le lezioni. Aveva un paio di libri sulle ginocchia, *Madame Bovary* e *Il piccolo principe*, entrambi pieni di segnalibri e post it. L'autore de *Il piccolo principe* è Antoine de Saint-Exupéry, scrittore e aviatore francese, nato a Lione nel 1900 e autore anche dei testi *Volo di notte* e *La terra degli uomini*, morto in volo alla fine della Seconda Guerra Mondiale. Immaginai subito che fosse una di quelle persone che legge tenendo un lapis tra le mani per sottolineare le frasi. Riporterà le frasi su un taccuino. «Che strano tipo» pensai, stavo entrando in aula per l'inizio della lezione. Presi posto, mi voltai per trovare con lo sguardo Vincenzo e la vidi seduta dietro di me, intenta a sottolineare le pagine di Antoine de Saint-Exupéry.

La prima volta che incontrai Teresa era seduta di fronte alla macchinetta del caffè, aula B, primo piano, Facoltà di Lettere. Era forse il 2003 *e stavo aspettando Vincenzo, cronico ritardatario a tutte le lezioni*. L'aula B era sempre affollata e non c'erano mai posti a sufficienza. *Di Teresa* mi colpì il modo, delicato e distratto, di sfogliare le pagine del block notes sorseggiando la sua bevanda. */ frase eliminata /*
Io ero all'epoca uno di quegli studenti sempre impegnati in riunioni, contestazioni, progetti da organizzare e volantini da distribuire, *mentre* lei mi sembrò una sognatrice incallita. Aveva un paio di libri sulle ginocchia, *Madame Bovary* e *Il piccolo principe*, entrambi pieni di segnalibri e post it. */ frase eliminata /* Immaginai subito che fosse una di quelle persone che legge tenendo un lapis tra le mani per sottolineare le frasi *che* riporterà *poi* su un taccuino. «Che strano tipo» pensai, *mentre* stavo entrando in aula per l'inizio della lezione. *Dopo aver preso posto* mi voltai per trovare con lo sguardo Vincenzo e la vidi seduta dietro di me, intenta a sottolineare le pagine di Antoine de Saint-Exupéry.

Rispetto al primo testo, in cui alcuni passaggi risultano poco chiari o comunque non del tutto scorrevoli, nel secondo testo alcune frasi sono state spostate, altre eliminate o aggiunte, e inoltre sono state inserite nuove congiunzioni. Il risultato che ne deriva è quello di un testo più chiaro e meglio organizzato.

Il testo, dal latino *textum* ossia «intreccio», «tessitura», è un insieme di frasi tra loro, appunto, "intrecciate". Perché il messaggio, semplice o complesso che sia, risulti ben comprensibile, il testo deve esprimere un tema unitario attraverso un sistema organizzato di frasi ben collegate tra loro. In altre parole deve avere:

COERENZA →	frasi e paragrafi ben collegati tra loro, senza salti logici
COESIONE →	elementi grammaticali e semantici che rendono il testo coerente, cioè creano legami tra le sue diverse parti

GLI ERRORI DI COERENZA

Tema: *I social network usati dai giovani*

Gli adolescenti usano molto i social network. Facebook è stato creato nel 2004. Tra i social network più usati ci sono Facebook, Twitter, Instagram. I social network nascondono anche molti rischi. Io uso Facebook per restare in contatto con amici che abitano a distanza. Ho comprato un nuovo cellulare per usare Facebook durante la giornata: si tratta di un Nokia, funziona davvero bene e mi è stato regalato da mia nonna per il compleanno. Ho scelto anche una bella cover azzurra per proteggerlo e ravvivarlo. Forse il social network più usato è Facebook, fondato da Mark Zuckerberg e altri compagni dell'Università di Harvard, sull'esempio degli annuali degli studenti delle università americane.

Nel testo che hai appena letto sono presenti alcuni errori che compromettono la coerenza del testo. Vediamo quali sono:

- informazioni **non collegate tra loro**, tra le quali si crea un salto logico, oppure informazioni **fuori posto** o **inutili**:

  Gli adolescenti usano molto i social network. Facebook è stato creato nel 2004. Tra i social network più usati ci sono Facebook, Twitter, Instagram.

- informazioni disposte in modo **disordinato** (per esempio, dopo aver trattato un punto si passa a un altro, per poi tornare a parlare del primo) o **ripetitivo**:

  Facebook è stato creato nel 2004. Tra i social network più usati ci sono Facebook, Twitter, Instagram [...] Forse il social network più usato è Facebook, fondato da Mark Zuckerberg e altri compagni dell'Università di Harvard, sull'esempio degli annuali degli studenti delle università americane.

- **sproporzione** tra le parti che compongono un testo (es. troppo spazio dedicato all'introduzione, trattazione sbrigativa dei punti essenziali, indugio su aspetti marginali ecc.).

Oltre che evitare gli errori appena elencati, per creare un testo coerente e coeso, è indispensabile curare i collegamenti tra le frasi e i paragrafi. Occorre:

- lavorare bene nella fase di **progettazione** del testo, costruendo una scaletta ed evidenziando i nessi di collegamento tra le diverse parti;
- suddividere il testo in sequenze dando a ciascuna un **titolo**, nonché scegliendo un titolo generale che riassuma il significato dell'intero testo;
- **revisionare** con cura il testo, verificando se nella stesura è stato rispettato l'ordine delle informazioni;
- utilizzare bene i **connettivi** (vedi allenamento n. 6), cioè quelle parole o gruppi di parole che mettono in evidenza i collegamenti e i rapporti tra le parti del testo;
- **ribadire** l'argomento, usando una **parola-chiave** oppure pronomi e sinonimi per non ripetere sempre la stessa parola, per collegare le parti del testo;
- **eliminare** eventualmente informazioni **ripetute** o **superflue**.

Alleniamoci!

Il testo seguente è l'inizio di un racconto, ma è privo di coerenza e coesione. Modificalo con le opportune correzioni, poi continua il testo seguendo la tua immaginazione, fino a costruire un breve racconto.

Ho incontrato la prima volta Andrea per caso alla stazione. Detesto le valigie troppo pesanti. Avevo prenotato un posto sul treno già da tre settimane e dovevo andare a Roma per raggiungere i miei genitori. Il treno è partito in orario. Adesso siamo grandi amici io e Andrea. I miei genitori all'epoca lavoravano a Roma mentre oggi ci siamo stabiliti a Firenze. Per caso Andrea si sedette proprio accanto a me e iniziammo a parlare. Sono un ragazzo timido e mi vergognavo a chiedere aiuto per portare la valigia sul treno e un ragazzo, che mi disse subito di chiamarsi Andrea, mi offrì il suo aiuto. Fu l'inizio di una grande amicizia...

ALLENAMENTO

6

USARE I CONNETTIVI

L'uso appropriato dei **connettivi** è fondamentale per dare coesione e coerenza al testo. Essi sono degli speciali "**ganci**" che collegano le informazioni di un testo: in altre parole "connettono" le parole, le frasi e le parti del testo secondo specifici rapporti logici. Si tratta soprattutto di:

- **congiunzioni coordinanti e subordinanti**

  Es.: Non ho sentito la sveglia, *ma* sono riuscito ad arrivare in tempo per la lezione.

  Sono stanco *perché* ho fatto due ore di palestra.

- **pronomi (in particolare pronomi relativi)**

  Es.: Mi ero impegnato moltissimo per partecipare al concorso. Detto *ciò*, è vero anche che ho avuto fortuna.

  È stato il regalo più bello *che* tu potessi farmi.

- **avverbi e locuzioni**

  Es.: Nessun disturbo, *anzi* è un piacere!

- **espressioni di conclusione e rimando**

  Es.: *Per concludere*, direi che abbiamo raggiunto ottimi risultati.
  Come ho già detto, sono molto soddisfatto del vostro lavoro.

I connettivi servono per collegare, secondo precisi rapporti logici,
- le proposizioni all'interno del periodo;
- i periodi all'interno di un paragrafo;
- i vari paragrafi e parti di un testo.

Nel testo che segue, tratto dal libro dello storico Gabriele Turi, *Il nostro mondo*, sono evidenziati alcuni connettivi che permettono di collegare i periodi e le parti del testo secondo precisi rapporti logici:

A metà del Settecento, mentre si avviavano i grandi mutamenti destinati a connotare il nostro mondo, è esplosa quella che è stata definita una «rivoluzione demografica». La Terra contava allora 750 milioni di abitanti, divenuti 1 miliardo nel 1830 e 2 miliardi dopo un secolo, nel 1930; nel 1960 la popolazione era già a 3 miliardi, a 4 nel 1975, per arrivare a circa 6 alla fine del Novecento. [...]
Oggi la popolazione mondiale ha superato i 6 miliardi. Mentre per migliaia di anni la crescita era lentissima, in un solo secolo, fra il 1830 e il 1930, la popolazione è raddoppiata, ed è triplicata nei settanta anni successivi.

L'avverbio di tempo *mentre* connette le due frasi del periodo dal punto di vista temporale, esprimendo una contemporaneità delle azioni espresse.

La congiunzione *e* (qui *ed* per la d eufonica) è uno dei connettivi più usati per collegare, sullo stesso piano, due parole, due frasi, due informazioni.

Un simile sviluppo demografico, avvenuto in tempi e modi diversi nelle varie aree del pianeta, è frutto di specifiche condizioni economiche e sociali, politiche e culturali, e a sua volta è causa di nuove condizioni di vita, di problemi economici e sociali inediti, di nuove politiche degli Stati. [...]

Questo consistente aumento della popolazione si è verificato in seguito alla «rivoluzione della mortalità», cioè per l'allungamento della vita media. I paesi europei occidentali sono stati i primi a beneficiare di una diminuzione delle morti realizzatasi soprattutto grazie ai progressi della medicina, che consentirono in Occidente la scomparsa della peste nel Settecento e del colera nell'Ottocento, nonché la diminuzione dei casi di vaiolo (con la pratica della vaccinazione) e di sifilide [...]. A ciò si aggiunge la diminuzione della mortalità infantile con il parto assistito o con la persecuzione giuridica dell'infanticidio, che ancora nell'Ottocento era una pratica molto diffusa e tollerata dalle comunità, le quali prevedevano anche forme di accoglienza di bambini indesiderati, abbandonati da madri non in grado di mantenerli (gli «esposti» o gli «innocenti»), che tuttavia in molti casi non riuscivano a sopravvivere.

Si è inoltre accresciuta la produzione agricola ed è migliorata l'alimentazione. Nel *Saggio sul principio di popolazione* del 1798 l'economista inglese Thomas Malthus aveva teorizzato l'impossibilità di un progresso della società, a causa di una legge di natura ritenuta inesorabile: egli pensava che la popolazione crescesse ogni 25 anni in maniera geometrica, mentre le terre coltivabili e i suoi prodotti aumentavano solo in modo aritmetico; erano, dunque, inevitabili le carestie e, quindi, periodiche crisi di mortalità che portavano a riequilibrare il rapporto abitanti/risorse. La sua teoria fu invece contraddetta dalla realtà: la crescita demografica si accompagnò all'aumento delle risorse alimentari in Europa per la messa a coltura di nuove terre, i progressi tecnici nella produzione agricola, lo sviluppo delle vie di comunicazione e l'aumento delle importazioni.

Il pronome *ciò* ha valore di connettivo: richiama il primo motivo per cui la vita media si è allungata, cioè "i progressi della medicina", per aggiungere un'altra motivazione, cioè la diminuzione della mortalità infantile.

Si riporta il pensiero di un autore per spiegare il fenomeno precedentemente accennato.

Le due congiunzioni *dunque* e *quindi* introducono entrambe una conseguenza del ragionamento dell'autore citato.

L'avverbio *cioè* spiega l'espressione precedente messa tra virgolette.

L'avverbio *inoltre* introduce un'ulteriore motivazione dell'allungamento della vita: il miglioramento della produzione agricola e, conseguentemente, dell'alimentazione.

L'avverbio *invece* introduce una contrapposizione rispetto a quanto espresso dalla teoria di Malthus.

I CONNETTIVI PIÙ COMUNI

Ecco un sintetico (e non certo esaustivo) quadro dei connettivi più frequenti, con i rapporti logici che esprimono tra le parole o frasi che collegano.

CONNETTIVI	RAPPORTO LOGICO ESPRESSO	ESEMPIO
perché, poiché, dal momento che	Causa	*Dal momento che* sono il più anziano, sarò io a prendere la decisione
perciò, quindi, dunque, ne deriva che, ne consegue che, a seguito di, in conseguenza di, così, allora	Conseguenza	Stavo facendo la doccia, *perciò* non ho risposto al telefono.
affinché, perché, con lo scopo di, con l'intento di	Scopo	I ladri scassinarono la porta *con l'intento di* portar via la cassaforte.
ma, però, invece, tuttavia, altrimenti, bensì, piuttosto	Obiezione	Ero sempre rimasta delusa dal comportamento di Arianna, *invece* quella volta mi sorprese.
infatti, pertanto, dunque, appunto, vale a dire, in altre parole	Chiarificazione	Federico era sempre in ritardo. *Infatti* anche quella volta si presentò un'ora dopo rispetto a quella fissata per l'appuntamento.

CONNETTIVI	RAPPORTO LOGICO ESPRESSO	ESEMPIO
cioè, ossia, per esempio, come	Esemplificazione	Mia sorella sta studiando per diventare avvocato, frequenta *cioè* la facoltà di Legge.
poi, anche, inoltre, per di più, neanche, neppure, nemmeno	Aggiunta	Sono troppo stanco per uscire stasera, *inoltre* domattina devo alzarmi all'alba.
o, oppure, altrimenti, ovvero	Esclusione	*O* smette di piovere *o* saremo costretti ad andarcene.
intanto, quando, mentre, nel frattempo, alla fine, prima, dopo, in seguito, prima di, dopo che	Tempo	Ieri pomeriggio Siria lavorava al computer, *mentre* suo marito si occupava della casa.
sopra, sotto, vicino, lontano, accanto	Spazio	Quella sera eravamo intenti a preparare la cena nelle nostre tende. Non *lontano* si udivano strani versi di animale.
infine, per concludere, in sintesi, riassumendo, insomma, in definitiva, in conclusione	Conclusione	Ecco esposti i risultati ottenuti in questa settimana. *Per concludere* vorrei ringraziare tutti coloro che hanno lavorato a questo progetto.
innanzitutto, in primo luogo, secondariamente, poi, infine	Ordine	Ci sentivamo sconfitti: *innanzitutto* avevamo deluso le nostre tifoserie, *poi* ci eravamo impegnati troppo poco per raggiungere quel risultato.
a mio parere, secondo me	Valutazione	Queste scale sono troppo pericolose: *a mio parere* dovremmo aggiungere una robusta ringhiera.
in effetti, in verità, per esempio, come si sa	Rafforzamento	Questi ananas hanno un prezzo esorbitante: *in effetti* la frutta esotica è sempre molto cara.
a meno che, purché	Riserva	Non uscirai stasera, *a meno che* tu non abbia finito tutti i compiti per domani.
sebbene, nonostante, anche se	Controargomento	Non sono riuscita a ritrovare l'anello, *sebbene* l'abbia cercato nei posti più impensabili dell'appartamento.
anzi	Rinforzo	Luigi è molto abile in matematica, *anzi* un genio.
come abbiamo già detto, come vedremo più avanti	Rimando	*Come abbiamo detto prima*, l'Illuminismo in Italia ebbe tra i suoi centri Milano e Napoli.

Alleniamoci!

Ti proponiamo adesso di individuare i connettivi e i rapporti logici da essi espressi nel seguente brano, sempre tratto dal libro di Turi:

All'aumento della popolazione hanno inoltre contribuito il miglioramento delle condizioni igieniche – pensiamo alla costruzione di condutture idrauliche e di una moderna rete di fognature nelle città –, la maggiore rapidità di trasporto delle merci alimentari e, in una prima fase, la minore mortalità prodotta dalle guerre nell'Europa dell'Ottocento, dove furono meno frequenti, meno cruente e caratterizzate da un minore coinvolgimento della popolazione civile, prima che con il conflitto del 1914-18 si avesse una drastica e drammatica inversione di tendenza.

Si prevede che nel 2025 la popolazione mondiale raggiunga gli 8,5 miliardi, per l'incremento demografico che si verifica nei paesi in via di sviluppo. La Cina ha visto triplicare i suoi abitanti nel corso del Novecento, anche se dagli anni Ottanta il suo tasso di crescita è rallentato per la limitazione delle nascite imposta dallo Stato: la percentuale della popolazione cinese rispetto a quella mondiale, sempre altissima, è del 22%, ma tra Settecento e Ottocento era arrivata a più del 33%. Nel 1950 la popolazione africana era la metà di quella europea, nel 1985 l'ha raggiunta, e si calcola che nel 2025 sarà di tre volte superiore, poiché il tasso di incremento demografico annuo europeo è dello 0,22%, quello africano del 3%.

Negli ultimi tempi assistiamo infatti a un rallentamento della crescita demografica nelle aree sviluppate, in seguito al controllo delle nascite, all'innalzamento dell'età nella quale la donna contrae matrimonio formando una famiglia – per cui diminuisce il periodo in cui è feconda – e alla minore necessità di braccia per lavori sempre più meccanizzati. Ciò ha riflessi evidenti sui livelli di vita degli uomini nelle diverse aree del mondo: sta infatti crescendo lo squilibrio fra i ¾ più poveri della popolazione mondiale e i paesi ricchi, dove molte risorse sono a disposizione di un numero relativamente esiguo di persone. Da questa situazione derivano, inoltre, forti rischi di tensioni internazionali.

(Gabriele Turi, *Il nostro mondo. Dalle grandi rivoluzioni all'11 settembre*, Roma-Bari, Laterza 2006)

ALLENAMENTO 7

TROVARE LA PAROLA GIUSTA

Un buon testo si riconosce anche dal lessico utilizzato, che non soltanto dovrà essere adeguato allo scopo, al destinatario e alla situazione comunicativa, ma dovrà risultare il più possibile ricco, vario e mai generico o ripetitivo. Quando si scrive si rischia di utilizzare un lessico troppo banale, spesso perché usiamo le prime parole che ci vengono in mente, oppure perché non ne conosciamo abbastanza. Cosa possiamo fare per arricchire il nostro lessico?

- **Leggere** libri, giornali, riviste ecc. che possono farci scoprire nuove parole ed espressioni.
- **Consultare i dizionari**: il dizionario tradizionale, quello dei sinonimi e dei contrari, il dizionario di nomenclatura, che di ogni termine ci indica non solo il significato, ma anche una serie di altre parole a esso riconducibili, come:
  - **iperonimi**, cioè parole dal significato più ampio, che possono comprendere la parola in questione (es. animale è iperonimo di gatto);
  - **iponimi**, ovvero parole la cui estensione di significato è minore rispetto a un'altra più generica (es.: persiano è iponimo di gatto).
  - **aggettivi e verbi** che a esso possono essere associati (es. gatto agile, selvatico, domestico ecc.; vibrisse, pelo, coda, unghie ecc.; ghermire, graffiare, balzare ecc.).
- **Costruire delle tabelle** che contengano le varie sfumature di significato di alcuni verbi: es. *dire* ⟶ gridare, urlare, ripetere, ribadire, sussurrare, bisbigliare...

Queste tabelle dovranno essere costruite *in itinere*: ogni volta che, leggendo o ascoltando, ti capiterà di incontrare una nuova sfumatura di significato dei verbi in questione, la annoterai nella tabella. In questo modo, quando dovrai scrivere, potrai consultare le tue tabelle e scegliere le sfumature più giuste di significato, rendendo il tuo lessico preciso, originale e vario.
Ecco alcuni semplici consigli per evitare di usare un lessico poco originale:

- evitare aggettivi abusati (*importante*, *particolare*, *interessante*, *specifico* ecc.);
- evitare frasi fatte, espressioni fisse (*tema scottante*; *a 360 gradi*; *indagini a tappeto* ecc.);
- evitare espressioni troppo articolate: meglio parole semplici e brevi (preferire *problema* a *problematica*; *sottolineare* a *porre in evidenza* ecc.);
- evitare gli avverbi inutili, soprattutto non abbondare con quelli in *-mente* (particolarmente, assolutamente, completamente);
- usare connettivi brevi e ben comprensibili (*per* invece che *al fine di, nell'intento di* ecc.).

Alleniamoci!

Costruisci la voce di un ipotetico dizionario di nomenclatura che riguarda la parola "persona": dovrai trovare dei sinonimi (es. *individuo*), degli iperonimi (es. *essere umano*), degli iponimi (es. *bambino, anziano*). Dovrai poi indicare degli aggettivi riferibili a una persona (relativi al suo carattere, atteggiamento, personalità, alle diverse parti del corpo). Infine crea un insieme di verbi che indicano azioni che una persona può compiere.
Una volta costruita questa scheda descrivi una persona che conosci bene, evidenziando il suo aspetto fisico e la personalità, raccontando infine un episodio che l'ha vista protagonista e che può far capire bene il suo carattere.

ALLENAMENTO 8

ERRORI ORTOGRAFICI E MORFOLOGICI

Spesso scrivendo può capitare di cadere nei tranelli dell'ortografia e della morfologia. Vediamo di chiarire alcuni dei dubbi più comuni.

ACCENTO E APOSTROFO

L'**accento** segnala una **sillaba tronca**: per esempio *città, caffè, però, così, Perù.*

L'**apostrofo** segnala l'**elisione**, cioè la caduta della vocale finale di una parola davanti a un'altra che inizia per vocale: per esempio *la America* → *l'America*; *una escursione* → *un'escursione.*

Per questo motivo è corretto scrivere *un po'* mentre è sbagliato scrivere *un pò*: l'apostrofo, infatti, indica la caduta della vocale finale della parola *poco.*
Un altro errore frequente riguarda il monosillabo *da* come voce del verbo *dare*: se indica la terza persona singolare dell'indicativo presente occorre usare l'accento (*Lucia ti* dà *una mano a risolvere il problema*); se invece indica la seconda persona dell'imperativo presente occorre l'apostrofo, per segnalare l'elisione della forma piena *dai* (Da' *questa lettera a Marco*).

L'ACCENTO SUI MONOSILLABI

Generalmente sui monosillabi l'accento **non** si usa: *fu, sto, do, va, su, sta, fa, qui, qua, tre, re...*
Si usa, invece, sui monosillabi che terminano con due vocali, come *già, giù, più, può, ciò*, e sui **monosillabi omografi**, ovvero sui monosillabi che possono essere confusi con monosillabi che si scrivono allo stesso modo ma che hanno significato e funzione differente. Nella seguente tabella puoi osservare i monosillabi omografi che si incontrano più frequentemente:

MONOSILLABI ACCENTATI	MONOSILLABI NON ACCENTATI
dì (sostantivo) *Lavora notte e dì*	**di** (preposizione) *Amo le maglie di lana*
tè (sostantivo) *Prendiamo una tazza di tè*	**te** (pronome) *Ho bisogno di te*
dà (verbo dare) *Questo caldo dà fastidio*	**da** (preposizione) *Ho comprato una bicicletta da corsa*
è (verbo essere) *Oggi è sabato*	**e** (congiunzione) *Mangeremo pizza e panini*
né (congiunzione) *Non vestirti né di bianco né di nero*	**ne** (pronome) *La torta è squisita: ne vorrei un'altra fetta*
sé (pronome) *Porta sempre il suo cagnolone con sé*	**se** (congiunzione) *Se faccio in tempo passo a salutarti*
sì (avverbio) *Luca ha detto di sì di fronte alla mia richiesta*	**si** (pronome e nota musicale) *Gli uccellini si lavano nelle pozzanghere*
là (avverbio) *Cos'è quella luce là in fondo?*	**la** (articolo) *La cena è alle venti*
lì (avverbio) *Si è fermato lì davanti al cartello*	**li** (pronome) *Giorgio e Paolo? Li conoscono tutti!*

L'APOSTROFO E L'ARTICOLO INDETERMINATIVO

Di fronte ai **sostantivi maschili** si usa l'articolo indeterminativo **un**, che non va **mai** scritto con l'apostrofo: *un orecchio, un amico, un esperto.*
Invece, di fronte a un sostantivo femminile iniziante per vocale, l'articolo indeterminativo **una** si trasforma in **un'**, in virtù del fenomeno dell'elisione: *un'ametista, un'osteria, un'esperta.*
Nello stesso modo si comportano gli aggettivi o pronomi indefiniti *nessuno, alcuno, ciascuno* (*nessun'esperta / nessun esperto*).

SI SCRIVE SEPARATO O UNITO?

Può sorgere il dubbio se scrivere unite o separate alcune parole. Si scrivono sempre **unite**: *soprattutto, talora, talvolta, tuttora, nonostante, pressappoco, ebbene, eppure, oppure, ovvero, dapprima.*
Si scrivono sempre **separate**: le locuzioni con *quanto* (*per quanto, in quanto* ecc.); i pronomi relativi *cui, quale/i* preceduti da preposizione (*in cui, per cui, nel quale, del quale* ecc.); espressioni come *all'incirca, a proposito, al di sopra, a posto, di fronte, tutt'uno.*
Si possono scrivere **sia unite che separate** (nella forma unita in molti casi la consonante viene raddoppiata): *casomai/ caso mai; finora/ fin ora; sennò/ se no; suppergiù/ su per giù; tuttalpiù/ tutt'al più; accapo/a capo; daccapo/ da capo; dappertutto/ da per tutto; dopotutto/ dopo tutto; innanzitutto/ innanzi tutto; oltretutto/ oltre tutto; perlomeno/ per lo meno; perlopiù/ per lo più.*

CONSONANTI E GRUPPI CONSONANTICI PARTICOLARI

• Uso di *h*

La lettera h si usa:
- in alcune forme dell'indicativo presente del verbo *avere*: *ho, hai, ha, hanno* (ma *abbiamo, avete*);
- per indicare il suono gutturale ("duro") di *c, g* davanti a *e, i*: *che, ghiro, chiesa, ghirlanda* ecc.;
- nelle esclamazioni, ma in questo caso segue la vocale: *oh! Ah!*

Uno degli errori ortografici più frequenti riguarda proprio l'uso della lettera *h* nella coniugazione del verbo avere.

Ho = verbo avere
o = congiunzione
Es.: ***Ho*** *lavorato tutta la notte.*
Lavoro la mattina ***o*** *il pomeriggio.*

Hai = verbo avere
ai = preposizione
Es.: *Non* ***hai*** *mai tempo per me.*
Chiederò ***ai*** *vicini se possono innaffiare le mie piante.*

Ha = verbo avere
a = preposizione
Es.: *Diego* ***ha*** *una bella famiglia.*
Daniele è ***a*** *casa sua.*

Hanno = verbo avere
anno = sostantivo
Es.: *Giacomo e Denis* ***hanno*** *fatto l'Esame di Stato.*
*Mi sono diplomato quest'****anno****.*

• Gruppi SCE / SCIE

Di norma la forma corretta è sce (*discesa, scettro, scelta*); si usa la forma *scie* nelle parole *scienza, coscienza* e nei loro derivati.

• **Gruppi GN/GNI**
Il gruppo gn seguito da *a, e, o, u* si scrive in genere **senza la i** (*castagna, gnomo, agnello*). La forma *gni* si usa quando la *i* è accentata (*compagnìa*, ma *compàgna*) e nelle forme dell'indicativo e congiuntivo dei verbi in *-gnare* (*bagniamo, guadagniamo*) perché la *i* è parte della desinenza.

MAIUSCOLO O MINUSCOLO?

Anche se oggi l'uso di maiuscole e minuscole si sta in parte modificando, ricordiamo la regola generale: è obbligatoria l'iniziale maiuscola per i nomi propri (di qualsiasi tipo: persone, marchi, luoghi, enti pubblici ecc.). Devono avere l'iniziale maiuscola anche:
– i nomi dei secoli, periodi e movimenti (*il Settecento, il Rinascimento, l'Illuminismo*);
– le sigle, che possono essere scritte anche tutte in maiuscolo (*Onu / ONU*).

DUBBI SUI PRONOMI: *GLI, LE* O *LI*?

Può accadere di far confusione sull'uso dei pronomi personali, soprattutto quando si tratta delle forme atone *gli/le/li*.

È sbagliato: Ho incontrato in centro Maria e *gli* ho raccontato l'accaduto.
È sbagliato: Ho incontrato in centro Maria e *li* ho raccontato l'accaduto.
È corretto: Ho incontrato in centro Maria e *le* ho raccontato l'accaduto.

Vediamo la distinzione tra queste tre forme del pronome personale:
***Gli* = a lui** → complemento di termine, maschile, singolare.

Es.: Ho incontrato in centro Luigi e *gli* ho raccontato l'accaduto (*a chi?* A lui).

***Li* = loro** → complemento oggetto, maschile, plurale.

Es.: Ho raccontato a Luigi e Maria l'accaduto, perché *li* ho incontrati in centro (*chi?* Loro).

***Le* = a lei** → complemento di termine, femminile, singolare.

Es.: Ho incontrato in centro Maria e *le* ho raccontato l'accaduto (*a chi?* A lei).

DUBBI SUI PRONOMI: CHE, QUALE, CUI

I pronomi relativi in italiano svolgono un'importante funzione: oltre a sostituire un antecedente, mettono in relazione due proposizioni congiungendole tra loro, e quindi hanno anche valore di connettivo (vedi allenamento n. 6).
Ricordiamo che i pronomi relativi sono:

• **che**: invariabile, può svolgere la **funzione di soggetto o complemento oggetto** nella proposizione che introduce.

Es.: Il ragazzo *che* ha telefonato ha lasciato un messaggio per te.

In questa frase il *che* sostituisce la parola *ragazzo* (soggetto della frase). Senza il pronome relativo la frase sarebbe: *Il ragazzo ha telefonato. Il ragazzo ha lasciato un messaggio per te.*
Vediamo un altro esempio:

Mi piace la maglia *che* hai comprato.

Il *che* sostituisce la parola *maglia* (complemento oggetto della frase). Senza il pronome relativo la frase sarebbe: *Mi piace la maglia. Tu* (soggetto) *hai comprato la maglia* (complemento oggetto).

• **cui**: invariabile, è usato in funzione di complemento indiretto, preceduto da preposizione. È una forma più scorrevole rispetto a *quale* (con cui è intercambiabile).

Es.: *Il film* di cui *ti ho parlato è uscito una settimana fa al cinema.*

Es.: *Questo braccialetto è una cosa* a cui *tengo molto oppure Questo braccialetto è una cosa* cui *tengo molto.*

Se *cui* è usato in funzione di complemento di termine, infatti, la preposizione *a* può essere omessa.

• **il quale**, **la quale**, **i quali**, **le quali**: variabili, usati in funzione di complemento indiretto, preceduti da preposizione.

Es.: *I nostri cani,* ai quali *siamo molto affezionati, sono di razza Golden Retriever.*

Es.: *L'esame,* per il quale *mi sto preparando, si compone di uno scritto e un orale.*

ATTENZIONE !

• Controlla sempre la reggenza dei verbi:
È sbagliato: *Un po' di riposo è tutto quello* che *hai bisogno.*
È corretto: *Un po' di riposo è tutto quello* di cui *hai bisogno.*
In questo caso il pronome relativo introduce un complemento indiretto, che risponde alla domanda *di che cosa*? Perciò non si può usare *che*.

• Esiste anche l'avverbio relativo di luogo ***dove***, spesso usato, in sostituzione dei pronomi, per indicare il complemento di luogo:
Es.: *La palestra* dove *mi alleno non è molto distante da casa mia.*
equivale a dire
la palestra in cui / nella quale *mi alleno non è molto distante da casa mia.*

LA GIUSTA PREPOSIZIONE

Ricorderai che le preposizioni si distinguono in:
• **semplici**: *di, a, da, in, con, su, per, tra, fra.*
• **articolate**: preposizione semplice + articolo determinativo (*del, alle, nello, sul* ecc.).
Esse introducono i vari complementi indiretti e dipendono da nomi, aggettivi e verbi.

Quando le preposizioni dipendono dai verbi, occorre verificare qual è la preposizione corretta richiesta dal verbo intransitivo (il vocabolario ci sarà di aiuto). Vediamo qualche esempio:
- interessarsi *di / a* qualcosa.
- vergognarsi *di / per* qualcosa.
- preoccuparsi *di / per* qualcosa.

Invece i verbi transitivi non richiedono nessuna preposizione davanti al complemento oggetto:
- chiamare *qualcuno* (non *a qualcuno*).
- salutare *qualcuno* (non *a qualcuno*).
- assolvere *qualcosa* (non *a qualcosa*).

Alleniamoci!

Trova gli errori ortografici e morfosintattici contenuti nelle seguenti frasi. Ogni frase può contenere più di un errore.

a. Fulvia a preparato una splendida torta per il compleanno di andrea e tutti gli anno fatto i complimenti.
b. Chiamerò a mio zio per farmi riparare il motorino: infatti lui è un gegnio come meccanico!
c. Ci siamo conosciuti dieci anni fà e la nostra amicizia dura tutt'ora.
d. Francesco regalerà un'anello alla sua compagnia Sabrina ed è convinto che gli piacerà: lei adora i gioielli!
e. Stai tranquillo e fà come ti dico: vedrai che non te ne pentirai!
f. Sono giorni che fa un caldo terribile: non né posso proprio più!
g. È da giorni che il mio cane non mangia ne croccantini ne biscotti.
h. Mio fratello a un contratto di lavoro con il CNR e si occupa di quello che più li interessa: la ricerca scentifica!
i. So che sei un appassionato di film: qual'è il tuo regista preferito?
l. Che fine anno fatto Giorgio e Clara? Non li vedo da un bel po' e mi manca tanto la loro compagnia.

ALLENAMENTO 9

LAVORARE SULLA PUNTEGGIATURA

Perché un testo risulti ben comprensibile, scorrevole e chiaro, è fondamentale un uso appropriato della punteggiatura. Ricordiamo alcune semplici regole generali.

- La **virgola** segna una pausa breve.
  Si usa per separare:
  – gli elementi di un elenco (*lapis, quaderni, gomma, penne*); in questo caso non deve essere usata prima delle congiunzioni *e, o* (*lapis, quaderni, gomma* e *penne*);
  – un inciso (*Fra qualche giorno, correggimi se sbaglio, Rita dovrà fare il primo vaccino*). In alternativa, l'inciso può essere anche racchiuso tra lineette o parentesi tonde;
  – un'apposizione (*Il professor Barilli, il nuovo insegnante di italiano, viene da Rimini / Quello laggiù è il professor Barilli, il nuovo insegnante di italiano*);
  – una serie di proposizioni coordinate senza congiunzioni (*ho lavato, ho stirato, ho messo in ordine la casa*);
  – la subordinata dalla principale, nel caso in cui la preceda (*Nonostante facesse un gran caldo, Serena è andata a correre nel parco*);
  – varie subordinate vicine tra loro (*Silvia mi ha assicurato che, quando tornerà a casa, passerà a salutarci, perché sente tanto la nostra mancanza*).

La virgola **non** deve invece separare:
– nome e aggettivo (*Mio nonno ha un'auto, rossa*);
– soggetto e verbo (*Gigi, scrive*);
– verbo e complemento oggetto (*Bevo, un'aranciata*);
– verbo essere e parte nominale (*Adele è, una campionessa di sci*);
– complementi indiretti dalla parola da cui dipendono (*Quello laggiù è il gatto, della mia vicina*);
– proposizione principale e subordinata (quando segue la principale) (*Mi chiedi continuamente, che ore sono*);

- Il **punto** segna una pausa forte.
  Si usa:
  – per concludere una frase, un periodo, un paragrafo, un testo, per segnalare una discontinuità;
  – nelle abbreviazioni (es.; cit.;) e, nel caso dei tre puntini consecutivi, per la sospensione del discorso.

- I **due punti** segnalano una pausa prima di una precisazione.
  Servono per introdurre:
  – un elenco (*Per dipingere le pareti devi procurarti una serie di oggetti: guanti, tinta, pennelli, stracci*). Fai attenzione: i due punti non devono separare il verbo dal complemento oggetto (*Per dipingere le pareti devi procurarti guanti, tinta, pennelli, stracci*);
  – un discorso diretto (*Elena chiese ai presenti: voi cosa avreste fatto al mio posto?*);
  – un chiarimento di un'affermazione precedente (*Faceva un caldo pazzesco: il termometro segnava 35 gradi, il condizionatore era rotto e la finestra non si poteva aprire*);
  – una frase che specifica la conseguenza di quanto espresso nella frase precedente (*Ave-*

vamo lavorato tutto il giorno sotto il sole: al tramonto eravamo esausti e rossi come peperoni).

- Il **punto e virgola** segnala una pausa più forte della virgola e separa due frasi autonome che risultano legate sul piano del contenuto (altrimenti si userebbe il punto fermo). Si usa:
  – per ordinare le coordinate di un periodo, soprattutto quando cambia il soggetto o l'argomento e quando è presente un connettivo forte che introduce una spiegazione (*infatti*) o una conclusione (*perciò, dunque*); (*Non dubitavo che la festa a sorpresa sarebbe riuscita alla grande; infatti Franca aveva predisposto ogni cosa nel minimo dettaglio*).
- Le **virgolette basse** («...») o **alte** ("..."), le **virgolette semplici** o **apici** ('...') introducono un discorso diretto, un titolo, una citazione, evidenziano un elemento, una parola usata in senso improprio o metaforico.

Vediamo come queste semplici regole sono applicate in un testo:

Il viaggio, la Ricerca del Centro, il ritorno alla patria dimenticata o perduta, la caccia al tesoro e al segreto; l'ascesa del monte, la discesa nel pozzo o nella caverna, il passaggio del fiume o del mare. Sono alcuni fra i «grandi archetipi», miti che si ritrovano, con infinite varianti, nelle letterature, nelle religioni, nelle leggende di tutti i tempi e di tutti i popoli del mondo. E richiamano tutti, invariabilmente, a un atto fondamentale: al camminare, al muoversi, al misurare e varcare lo spazio. Se è vero che l'umanità si divide anzitutto in nomadi e sedentari (e i primi sono regolarmente vittime dei secondi: i pastori Abele e Remo, uccisi dai contadini Caino e Romolo...), è non meno vero che nemmeno i sedentari possono essere completamente e perfettamente tali. Il movimento, il viaggio, ci accomuna tutti: come il pensiero e la parola, esso è segno d'uomo. Gli animali si muovono, camminano, migrano: ma solo l'essere umano viaggia.

(da F. Cardini, *Il senso di un viaggio*, Nova Arti Grafiche, Firenze, 2015)

Virgola che separa i vari elementi di un elenco.

Virgolette che evidenziano un'espressione.

Due punti che introducono un chiarimento dell'affermazione precedente: si specifica qual è l'atto fondamentale di cui si parla, cioè il "camminare".

Tre puntini per indicare la sospensione del discorso.

Due punti che introducono una conseguenza del ragionamento.

Punto e virgola che, pur introducendo una pausa più forte della virgola, coordina elementi di un periodo, sempre legati sul piano del contenuto.

Il **punto** introduce una pausa forte alla fine del periodo prima di passare a un nuovo argomento (riflessione su nomadi e sedentari).

Due punti che introducono esempi che chiariscono l'affermazione precedente.

Parentesi tonde per isolare un inciso.

QUALCHE CONSIGLIO DI SINTASSI

Non rientra negli obiettivi di questo libro un ripasso delle regole di sintassi. Ci limitiamo a richiamare alcuni semplici consigli perché nella nostra scrittura la sintassi sia corretta e renda il messaggio ben comprensibile:

- **scriviamo "semplice"**: meglio usare un modo di scrivere semplice, asciutto, breve, evitando periodi troppo lunghi, espressioni molto ricercate, che rischiano di non far capire il messaggio. Una scrittura difficile in qualche caso può essere solo un modo per arricchire un messaggio troppo povero: abbiamo poche cose da dire e perciò cerchiamo di allungare il discorso con inutili giri di parole;

- costruiamo **frasi brevi**, con poche subordinate e con una struttura lineare;
- usiamo con attenzione i **connettivi**, scegliendo quelli più brevi e chiari;
- **rileggiamo i paragrafi** via via che li scriviamo: se perdiamo il filo del discorso noi che l'abbiamo scritto, figuriamoci i lettori! Questo significa che dobbiamo riscrivere e semplificare il paragrafo.

Quando saremo in grado di padroneggiare una sintassi semplice potremo anche avventurarci in una scrittura più complessa e articolata, senza dimenticare che complessa non significa oscura: il messaggio dovrà sempre risultare chiaro per chi legge.

Alleniamoci!

Inserisci i segni di punteggiatura nella lettera seguente, scritta da Antonio Gramsci (1891-1937), quando era in carcere, al figlio Delio, e raccolta poi nelle *Lettere dal carcere*.

22 febbraio 1932

Caro Delio

Mi è piaciuto il tuo angoletto vivente coi fringuelli e i pesciolini Se i fringuelli scappano talvolta dalle gabbiette non bisogna afferrarli per le ali o per le gambe che sono delicate e possono rompersi o slogarsi occorre prenderli a pugno pieno per tutto il corpo senza stringere Io da ragazzo ho allevato molti uccelli e anche altri animali falchi barbagianni cuculi gazze fringuelli allodole ecc ho allevato una serpicina una donnola dei ricci delle tartarughe ecco come ho visto i ricci fare la raccolta delle mele Una sera d'autunno quando era già buio ma splendeva luminosa la luna sono andato con un altro ragazzo mio amico in un campo pieno di alberi da frutto specialmente di meli ci siamo nascosti in un cespuglio contro vento Ecco a un tratto sbucano i ricci due più grossi e tre piccolini in fila indiana si sono avviati verso i meli hanno girellato tra l'erba e poi si sono messi al lavoro aiutandosi coi musetti e con le gambette facevano ruzzolare le mele che il vento aveva staccato dagli alberi e le raccoglievano insieme in uno spiazzetto ben bene vicine una all'altra ma le mele giacenti a terra si vede che non bastavano il riccio più grande col muso per aria si guardò attorno scelse un albero molto curvo e si arrampicò seguito da sua moglie Si posarono su un ramo carico e incominciarono a dondolarsi ritmicamente i lori movimenti si comunicarono al ramo che oscillò sempre più spesso con scosse brusche e molte altre mele caddero per terra

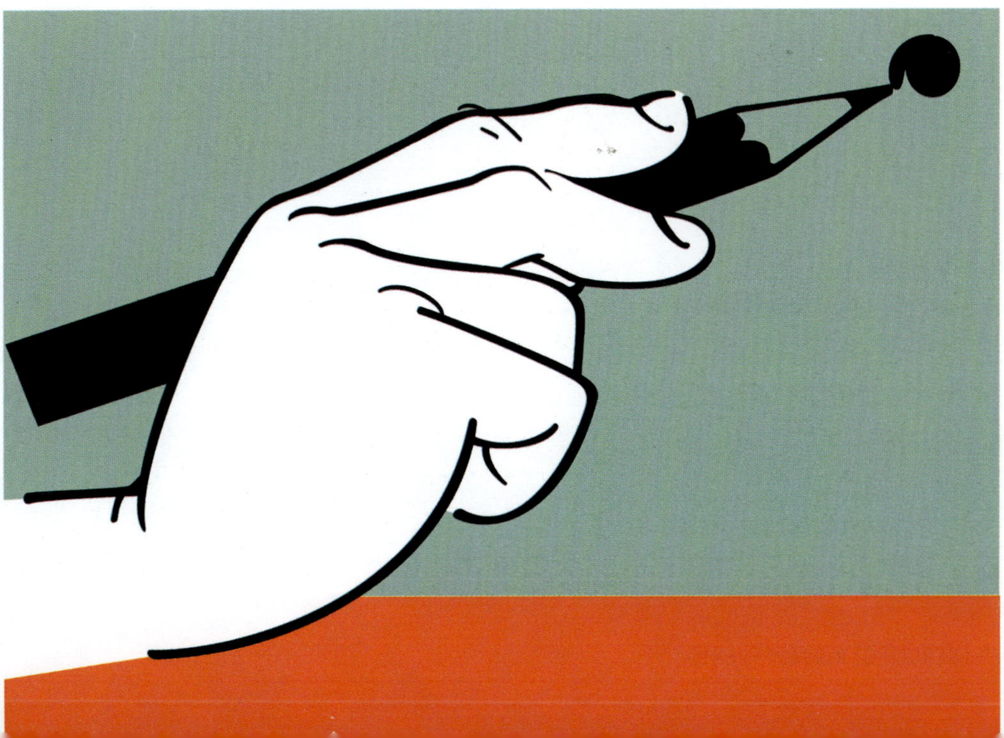

ALLENAMENTO 10
PROVE DI RISCRITTURA

Nelle prove che troverai di seguito dovrai svolgere un'attività di **riscrittura**: ti saranno dati alcuni testi da sottoporre a un'accurata revisione.

1. COSTRUIRE UN TESTO PIÙ COERENTE E COESO

Un tuo amico frequenta la prima superiore e l'insegnante gli ha assegnato un tema dal titolo: "La scuola superiore: una nuova esperienza da vivere". Dopo aver preparato la scaletta che trovi di seguito, lui è passato alla stesura e adesso ti chiede di revisionare il suo lavoro: ti accorgi che il suo testo contiene parecchi **punti deboli dal punto di vista della coerenza e coesione** del testo e gli suggerisci alcune correzioni. Rivedi la scaletta e il testo, soprattutto nell'articolazione dei paragrafi, nei collegamenti tra le varie parti, operando le opportune modifiche (spostamenti, eliminazione di ripetizioni, ampliamenti, inserimento o modifiche di connettivi, pronomi, punteggiatura ecc.).

SCALETTA

1. Introduzione:
- perché ho scelto questa scuola;
- che cosa mi avevano consigliato genitori e insegnanti;
- come immaginavo la scuola superiore.

2. Le novità rispetto alla scuola media:
- nuovo ambiente: più grande e bello;
- nuova classe: compagni vecchi e nuovi;
- nuove materie e professori.

3. Aspetti positivi:
- laboratori;
- assemblee di classe;
- attività in palestra.

4. Problemi:
- maggiore impegno e studio;
- insufficienze;
- distanza da casa.

5. Conclusioni:
- sono soddisfatto;
- quello che spero per il futuro.

TEMA SVOLTO

Da quest'anno frequento una nuova scuola: l'istituto tecnico industriale Galvani. Quando l'anno scorso ho dovuto fare la mia scelta sulla scuola superiore ho avuto molti dubbi: gli insegnanti mi consigliavano di scegliere un istituto tecnico commerciale, il Fermi, troppo distante da casa mia (20 km!) e l'ho scartato. I miei genitori volevano che frequentassi il liceo, ma io ero spaventato dal carico di studio richiesto e poi volevo una scuola in cui ci fossero tante ore di laboratorio, così ho scelto l'istituto tecnico. Mi immaginavo una scuola dove studiare le mie materie preferite, cioè matematica ed educazione tecnica e così è stato. Ho tante nuove materie, ma di sicuro quelle tecnico-scientifiche sono quelle con il maggior numero di ore. Speravo anche di incontrare nuovi amici nella mia classe, perché nessun vecchio compagno delle medie voleva venire all'istituto tecnico (poi invece non è stato così).

Il percorso scolastico alla scuola superiore è e sarà nei prossimi mesi e anni una nuova esperienza da vivere per me. Le novità sono molte, intanto l'ambiente. La scuola è molto grande, nuova (a differenza della scuola media che era ridotta piuttosto male), ci sono, oltre alle aule delle classi, aule di informatica, elettronica, chimica, un'aula per le proiezioni e una biblioteca, senza dimenticare la palestra, che è nuova, ampia e ben fornita e per me, che adoro giocare a basket, è l'ideale.

La novità più importante riguarda i compagni e i professori: solo un compagno delle medie fa parte della mia classe, ed è stata una sorpresa perché fino all'ultimo pensavo di essere l'unico, gli altri sono tutti nuovi compagni, che provengono dalle varie scuole medie del territorio. Ancora non ci conosciamo bene, ma spero che troverò molti nuovi amici. Anche i professori sono nuovi, più severi rispetto a quelli delle medie, però mi sembrano disponibili e competenti. Tra le novità che riguardano la struttura scolastica ci sono soprattutto i laboratori, dove passiamo molte ore durante la settimana e possiamo fare esercitazioni pratiche: proprio per questo mi piace questa scuola, in quanto l'ho scelta proprio perché ero interessato alle attività pratiche.

Ci sono parecchi aspetti positivi in questa nuova esperienza alla scuola superiore: intanto la possibilità di avere buoni laboratori e una grande palestra in cui posso fare le attività che preferisco. Un altro aspetto importante sono le assemblee di classe dove possiamo discutere di questioni e problemi della classe. Alle medie questa possibilità non c'era, mentre ora una volta al mese possiamo chiedere due ore di lezione per svolgere l'assemblea. L'ultima volta abbiamo discusso della disposizione dei banchi, perché gli insegnanti ci hanno detto di cambiarla.

Ho incontrato anche delle difficoltà in questo nuovo percorso, la scuola è più distante da casa rispetto alle medie, quindi impiego più tempo per tornare e il pomeriggio devo studiare di più perché ho più compiti rispetto alle medie. Siccome ho gli allenamenti tre volte alla settimana devo imparare ad organizzarmi per rimediare le insufficienze che sono arrivate in alcune materie.

Spero che questa esperienza alla scuola superiore sia positiva, per ora sono abbastanza soddisfatto della mia scelta.

2. REVISIONARE UN TESTO NEL CONTENUTO E NELLA FORMA

Immagina di lavorare per una grande azienda: la segretaria ha scritto questa lettera a un cliente ma ha fatto un gran pasticcio, commettendo **errori ortografici e morfosintattici**, nonché nel **registro** utilizzato. Individua gli errori commessi e poi riscrivi correttamente la lettera.

Caro Dottor Rinati, qualche tempo fà ci ha chiesto un preventivo per la ristrutturazione del bagnio del suo appartamento. Lei ci a gentilmente fornito una descrizione sui lavori da fare, a noi non basta e allora veniamo a vedere di persona perché così le possiamo fare un preventivo più sicuro in modo che non si debba poi lamentare. Che ne pensa? Vorremmo anche sapere: qual'è press'appoco il budget che ha a disposizione?
Il nostro tecnico è disponibile per fare il sopralluogo tutti i giorni la mattina. Vorremmo sapere, quando può venire. Ce lo dica al più presto perché non abbiamo tanto tempo.
A presto!
F.lli Gaggini S.p.A.

3. CURARE IL LESSICO

Un tuo compagno sta preparando un articolo da pubblicare sul giornalino scolastico: illustrando la giornata-tipo di uno studente, si è soffermato a descrivere l'ingresso degli studenti nell'edificio scolastico. Ti chiede di aiutarlo nella revisione del testo, perché il **lessico** che ha utilizzato è abbastanza **banale e ripetitivo**: in particolare dovrai suggerire soluzioni più originali per le parole che trovi evidenziate.

Ore 7:50 del mattino. La strada di fronte alla scuola è ancora deserta. Qualche studente <u>che si alza troppo presto</u> è però già lì. Si sente <u>un lieve chiacchiericcio</u>: i primi ad arrivare <u>parlano</u> dei compiti per casa, dell'ansia dell'interrogazione, degli impegni per l'indomani. Ore 7.55: arriva <u>il gruppo più grande</u>. Gli <u>studenti</u> del liceo Malpighi <u>vanno</u> dalla fermata dell'autobus all'ingresso della scuola e <u>si trovano numerosi</u> davanti al cancello. Ogni giorno si ripete lo stesso <u>percorso</u>. Ora i ragazzi <u>parlano</u> tutti insieme e il <u>chiacchiericcio è divenuto più forte</u>: qualcuno grida, qualcuno ride, in molti ancora sbadigliano dal sonno.
Drin! Finalmente il cancello si apre e inizia <u>la dura giornata scolastica</u>. Un allegro <u>rumore</u> riempie il cortile che <u>si riempie</u> di ragazzi: i colori delle felpe, degli zaini, dei motorini <u>rendono più allegra</u> la facciata della scuola, così grigia e troppo <u>severa</u>.
Drin! La seconda campanella segna l'ingresso nelle classi e Giorgio, il bidello, <u>va veloce</u> a chiudere il cancello. Il cortile torna silenzioso e <u>deserto</u>.
Ecco però il primo ritardatario (il primo di una serie!) che <u>chiede</u> a Giorgio di farlo entrare: ha compito in classe alla prima ora e la professoressa Rossi sarà già abbastanza <u>arrabbiata</u>.

PARTE II

ATTIVITÀ DI SCRITTURA FUNZIONALE

SCRIVERE OGNI GIORNO

1. INVIARE UNA E-MAIL

Che cos'è

L'email:
- è la moderna versione della lettera;
- è una forma di comunicazione veloce;
- può essere usata in contesti informali e formali, pertanto è necessario adeguare il registro;

Ogni giorno capita di scrivere o leggere email come queste:

Da: francescaballini@email.it
A: martasvinea@e-mail.it
Oggetto: progetti vacanze!

Ciao Marta!

Come va? Hai progetti per quest'estate?
Noi stiamo facendo il conto alla rovescia per l'inizio delle vacanze! Verremo in Garfagnana nella prima settimana di agosto, con tutta la famiglia: sarà un bel divertimento per Luca e Lisa, ma soprattutto per Barone, che scorrazzerà per i boschi da mattina a sera!
Spero di poterti incontrare e passare un po' di tempo con te.
Fammi sapere se sarai a casa,
un abbraccio

Stefania

Formula di apertura colloquiale e semplice.

Uso del "tu" quando si ha un rapporto confidenziale con il destinatario.

La formula di saluto appartiene al linguaggio quotidiano.

Il mittente si firma solo con il nome proprio.

Da: Gianni.Maladigi@uniassicura.com
A: robros@email.it
Oggetto: polizza e ricevuta
Gentile sig. Rossi,
le inviamo in allegato una copia della polizza dell'assicurazione che lei ha stipulato tramite la nostra agenzia, insieme alla ricevuta di pagamento.
Restiamo a sua disposizione per ogni eventuale chiarimento.
In attesa di rivederla,
Un cordiale saluto
Gianni Maladigi

Addetto Privati
057372397904
Gianni.Maladigi@uniassicura.com
Uniassicura S.p.A
Via Verdi 67
51100 Pistoia

Formula di apertura cortese ma non antiquata o eccessiva: "Egregio" o "Illustrissimo" sarebbero fuori luogo.

Uso del "lei" (senza il maiuscolo di riverenza *Le*) adatto a una mail di lavoro o per rivolgersi a un destinatario con cui non si ha confidenza.

La firma con nome e cognome, eventualmente seguita da recapiti, azienda per cui si lavora e ruolo ricoperto è tipica delle email di lavoro.

La formula di saluto è formale e tendenzialmente fissa (*Un saluto cordiale, La saluto cordialmente* ecc.), non troppo antiquata (*Porgo distinti saluti*) o stereotipata.

Tra le due email si notano importanti differenze, legate alle due diverse situazioni comunicative: nella prima email il contesto è informale, nella seconda è formale.

Ricordiamoci di

- scrivere l'oggetto, indicando con alcune parole-chiave il contenuto generale del messaggio;
- utilizzare frasi brevi ed essenziali;
- inserire il messaggio più importante nelle prime righe, senza dilungarsi troppo;
- inserire spaziature per distinguere le diverse informazioni;
- essere rispettosi ma non freddi nelle email formali;
- inserire la firma e, se necessario, recapiti telefonici, indirizzo e-mail ecc.;
- non utilizzare i caratteri maiuscoli (equivale a urlare quanto si sta dicendo);
- controllare scrupolosamente l'ortografia.

ESERCITIAMOCI

1. Scrivi una e-mail a un amico che abita in un'altra città per informarlo che, grazie alla promozione a scuola, potrai passare un mese di vacanza da lui.
2. Scrivi una e-mail al tuo insegnante di italiano per chiedergli di inviarti i materiali di studio che ha consegnato a scuola quando tu eri assente.
3. Scrivi una e-mail al gestore di un locale in cui vorresti suonare insieme alla tua band, inviando in allegato un demo per fargli sentire il vostro "pezzo forte".

Scriviamo

Uno scambio di e-mail può divenire il "romanzo epistolare" dei nostri tempi: ecco un esempio tratto dal testo *Viva tutto!*, che raccoglie le e-mail scambiate tra il cantante Jovanotti e il filosofo Franco Bolelli nell'arco di nove mesi.

> 5 marzo
> Bolelli!
> Lo studio funziona, tutto è cablato e pronto ad accogliere ciò che passerà da quei cavi. Solo un nome risuoni nel tuo cuore: LUDOVICO ARIOSTO.
> Ho fatto una specie di rap che a un certo punto diventa la parte del canto dell'*Orlando furioso* quando Astolfo sale sulla luna a recuperare il senno del paladino. Comunque. Ogni tanto lo sai che prendo in mano il poema di Ariosto così come si mette un disco o si mangia una mela. E ogni volta lo ripongo migliorato, vivificato da quella lettura. Non c'è nulla al mondo di più potente dal punto di vista letterario. Non c'è, ora sono quasi sicuro.
> Leggendo davanti a un microfono con la mia voce alta in cuffia quelle ottave ho toccato il cielo. L'*Orlando* non si legge ormai più, è troppo difficile e richiede uno sforzo, e a scuola se non si salta del tutto ci si passa di striscio (e meno male). È incredibile come lì dentro ci sia un universo intero. È puro Tarantino con 500 anni d'anticipo. La bellezza, la leggerezza, la goduria, la sorpresa, il riso, la passione, l'amore, la gioia, la sfida, il sangue, la violenza, la dolcezza, la fantasia sfrenata in una costruzione pazzesca.

Una cosa interessante è che venne alla luce in contemporanea con la scoperta dell'America. Era un tempo in cui si cominciava a parlare di nuovo mondo, e non solo, iniziavano a diffondersi le armi con la polvere da sparo, gli archibugi e quelle cose lì. Immagino Ariosto, che era un signore che lavorava a corte e poi per un po' di anni venne mandato a governare la provincia della Garfagnana, un posto isolato popolato di molti cinghiali e pochi umani. Immagino che tipo di immaginario poteva scaturire in una testa con le antenne alzate in quella situazione. Insomma il vecchio Ludovico è pura adrenalina e volevo dirtelo, ribadirtelo. Bisogna provare a fare oggi cose che siano oggi quello che quel poema era allora. Il poema cavalleresco era una cosa fritta e rifritta e Ariosto ci si aggancia e ne fa una cosa di una modernità sconcertante, da leggere alle donzelle nelle notti di corte al posto del cinema e della tv. Me la immagino la scena con una voce che racconta quelle storie di pura fantasia e tutti lì a bocca aperta, divertiti, incantati, stimolati, e tutto questo senza mai un'indagine sui personaggi, una psicologia, un «messaggio» di nessun tipo. Una precisione assoluta unita a una assoluta fantasia.

Lorenzo,
ho la sensazione che tu abbia già un fortissimo concept per il nuovo disco. Pensaci: l'estasi pop, la musica per feste, e ora il poema gioioso e adrenalinico. C'è dentro tutto, tu sei tutte queste cose, chissà che questo non sia il momento giusto per evidenziarle ancora più esplicitamente. Chissà che questo disco non possa essere il tuo *Orlando furioso*: senza una trama – credo sempre più che la trama sia secondaria anche nei film – ma con un'unità progettuale e poetica. Come per Ariosto ci sarebbero dentro le donne i cavalier le armi gli amori le cortesie e le audaci imprese, e tutte quelle altre cose che tu puoi giocarti. Un disco per le donzelle di notte e per gli euforici guerrieri di giorno.
Già una volta parlando di te ho detto che il tuo pensiero biologico e vitale è più positivo del pensiero positivo perché è più ampio, abbraccia tutto. *Optimistic*, dei Radiohead, dice «try the best you can, the best you can is good enough»: l'ottimismo come azione, come fai quello che devi fare. [...]
Sai, ho provato a racchiudere in un solo sguardo tutte le persone che amo di più e che ammiro di più, e tutte hanno una qualità fondamentale in comune: una relazione forte con la vita. Avere una relazione forte con la vita significa che la contieni tutta, che ti slanci dove vedi che la vita sta vibrando e pulsando, che produci vita attraverso i grandi progetti e attraverso infiniti gesti quotidiani. [...]

(da Lorenzo Jovanotti - Franco Bolelli, *Viva tutto!*, Add editore, Torino 2012)

- Scambia alcune e-mail con un compagno in cui vi raccontate un film o una canzone che vi ha incredibilmente colpito, insieme eventualmente a vostri pensieri, progetti, convinzioni, un po' come accade nel testo tratto da *Viva tutto!*

2. SCRIVERE UNA LETTERA

Che cos'è

La lettera:

- può essere una forma di scrittura privata e informale (lettera a un amico), privata ma formale (lettera a un ufficio per richiedere informazioni, lettera a un cliente in ambito professionale-lavorativo), pubblica (lettera aperta a un giornale) e pertanto può prevedere l'uso di diversi registri;
- può avere vari scopi: informare, chiedere informazioni, esporre un'opinione, denunciare un problema, esprimere sentimenti ed emozioni;
- ha parti e formule fisse, e pertanto richiede una precisa struttura grafica.

Nel mondo degli sms, delle e-mail, dei post e dei tweet la lettera continua a essere uno strumento indispensabile in determinati contesti. Vediamone alcuni esempi.

Lettera 1

Contesto	informale
Destinatario	amici
Scopo	esprimere sentimenti

Quella che segue è una lettera che nel 1975 Freddy Mercury, cantante dello storico gruppo dei *Queen*, scrisse all'Official International Queen Fan Club.

La formula di apertura è confidenziale e intima, seguita da spaziatura.

Freddie Mercury parla al plurale perché scrive a nome di tutto il gruppo; inoltre, si sta rivolgendo a un destinatario plurale.

Anche la formula di chiusura è confidenziale.

La firma è costituita solo dal nome proprio

Ciao Cari,

grazie per averci regalato un primo posto in classifica quest'anno
[primo posto ottenuto con il pezzo *Bohemian Rhapsody*, n.d.r.], ve ne siamo davvero grati. Spero vi siate divertiti ai nostri concerti come ci siamo divertiti noi. Abbiamo in programma di portare i nostri spettacoli dal vivo in America e Giappone con l'inizio dell'anno nuovo, ma saremo tornati prima che abbiate modo di sentire la nostra mancanza.

Nel frattempo vi auguriamo un Natale sopra le righe
e un Capodanno impertinente.
Baci e Abbracci a tutti voi tesorini.

Freddie

(da *40 anni di Queen*, 24 Ore Cultura srl, Pero [Milano] 2011)

Lettera 2

Contesto	formale/professionale
Destinatario	cliente
Scopo	richiedere/fornire informazioni

F.lli Roversi - Impianti elettrici
Via Mascagni 28, 20100 Milano
Tel. 02 762930 - fax 02762932

Il mittente è in alto a destra, seguito dai recapiti.

Il destinatario è a sinistra, seguito dall'indirizzo.

Dottor Gianfranco Carobbi
Via Pascoli 34
20052 Monza (MI)

Luogo e data sono indicati in alto a destra.

Milano, 23 giugno 2015

L'oggetto è indispensabile e sintetizza il contenuto della lettera.

Oggetto: dichiarazione di conformità

La formula di apertura è fissa e cortese (Gentile, Egregio, Spettabile ecc.).

Gentile dott. Carobbi, in merito alla richiesta di un preventivo per la risistemazione dell'impianto elettrico del Suo appartamento Le chiediamo cortesemente di inviarci una copia del documento indicato in calce. Nel frattempo insieme alla presente Le inviamo una breve descrizione di tutti i servizi offerti dalla nostra ditta.
In attesa della Sua cortese risposta La ringraziamo.

Una breve introduzione serve a richiamare il motivo per cui si scrive.

La formula indiretta (la invitiamo a, la preghiamo di ecc.) è preferibile alla domanda diretta per formulare una richiesta cortese. Da notare l'uso del maiuscolo di riverenza.

Tecnicismo che indica il fondo della pagina.

Cordiali saluti
F.lli Roversi S.p.A.

Formula di cortesia da usare per sollecitare una risposta, se necessario.

Tecnicismo che indica la lettera che si sta scrivendo.

Documento:
Dichiarazione di conformità dell'impianto elettrico attuale

In calce è indicata la denominazione precisa del documento richiesto. In altri casi possono essere indicati documenti allegati alla lettera.

La formula di chiusura contiene ringraziamenti e saluti, anche in formule più estese.

Lettera 3

Contesto	formale/pubblico
Destinatario	il direttore del giornale e i potenziali lettori
Scopo	commentare un articolo ed esporre la propria opinione

Ecco ora una lettera aperta che un lettore scrive a un giornale, in riferimento a un articolo pubblicato:

Nella lettera aperta a un giornale ci si rivolge in genere al direttore. Il tono è formale ma semplice, senza esagerare in formule antiquate (è sufficiente il semplice "gentile").

La lettera aperta a un giornale si scrive, in genere, come risposta a un articolo pubblicato o per commentare un fatto accaduto: è dunque bene citare l'articolo o il fatto a cui si fa riferimento.

Uso del "lei".

Il tono con cui ci si rivolge al destinatario deve essere rispettoso e professionale (anche quando si è in disaccordo).

Gentile signor Direttore
Ho, di fronte, la lettera che il 30 settembre 2010 ha scritto ai suoi colleghi impegnati, con Lei, nella giornaliera rappresentazione del mondo, visto dalla finestra stampata e web del *Corriere della Sera*. Purtroppo, non mi è stato possibile scrivere prima questa lettera, visto che siamo ormai a metà dicembre del 2010. Tuttavia non è trascorso troppo tempo e le questioni aperte dalla sua lettera non possono essere chiuse in un cassetto. Quando ho letto la sua lettera (il *Corriere* è il giornale che leggo più spesso, da giornalista pubblicista che si misura con il web) mi sono venuti in mente, per primi, due pensieri (apparentemente non connessi, ma lo sono, con gli altri riguardanti il lavoro giornalistico e la tecnologia prossima ventura ad esso collegata). Il primo pensiero mi riportava all'articolo di Sergio Bocconi di venerdì 28 maggio 2010 nel quale si informavano i lettori che era stata proposta, da una parlamentare del PDL, una commissione di inchiesta sulle circostanze che avevano condotto alla vendita del gruppo Rizzoli-*Corriere della Sera*. [...]
Il secondo pensiero è stato quello di vederla come il direttore di una compagnia teatrale, che non fa teatro comico, e che è salito sul palco, dove appena si è chiuso il sipario, alla fine del primo atto (il titolo nell'opera è "Gli attori siete voi"), per intrattenere il pubblico e prepararlo alle novità del secondo atto. Mentre il direttore della compagnia intrattiene il pubblico, si sente il tramestio **tecnologico** del cambio di scenario che si prepara dietro le, non ancora visibili, quinte. I primi della fila dell'immenso teatro mediatico sono i giornalisti del *Corriere*; nelle file posteriori ci sono i giornalisti delle altre testate giornalistiche di ogni tipologia, pubblicisti compresi. Poi, curiosi e incuriositi, un numero gigantesco di lettori delle innumerevoli e diverse testate del fluidissimo mondo mediatico. Un teatro mediatico, appunto, che è parte funzionale e strutturale dell'immenso teatro della vita a cui Lei si stava rivolgendo (forse non del tutto consapevolmente). È soprattutto questo secondo pensiero che motiva questa pubblica lettera che Le scrive un giornalista pubblicista fra i tanti che La stavano a sentire in quel Suo richiamo di attenzione che non riguarda, al di là di quanto sembrerebbe, solo i "colleghi" della Sua "Finestra di carta". I problemi che Lei signor Direttore pone, sembrerebbe a bruciapelo, ai suoi colleghi non sono problemi singolarizzabili

o minimizzabili alla testata che Lei dirige in modo indipendente; riguardano veramente tutti coloro che sono coinvolti nella mutevole movimentazione delle notizie fra il dove e da chi si formano e al chi ne vuole essere informato.

[...]

Mi piace immaginare il giornale come il giornale di bordo di una nave, piccolo mondo in movimento dove tutto quello che vi accade viene annotato, perfino sposarsi davanti al comandante o lasciargli in deposito un testamento. La società nelle sue innumerevoli varietà e singolarità dovrebbe essere visibile nelle stanze organizzative di un giornale. Ci si informa, ci si specchia, ci si verifica, ci si orienta nei fogli (anche virtuali) di un giornale. Ecco perché stimolare i giornalisti, mentre esprimono le loro capacità intellettuali nel rispondere alle attese così variegate dei lettori, ad utilizzare le nuove strumentazioni tecnologiche è di per sé una sfida interessante. Ma è anche una sfida pericolosa. Ci si scotta a toccare con mano la tecnologia che è sempre bollente e ancora (e per molto tempo) in piena trasformazione. Investire oggi in una tecnologia così velocizzata quanto sofisticatizzata può davvero mostrarsi rischioso per chi non si rende conto che sarà **costretto**, proprio per le dinamiche della **particolarissima e miratissima** crisi economica in campo, ad investire non per un breve, medio, periodo ma per un lunghissimo periodo, a causa della velocissima obsolescenza delle proposte tecnologiche proposte dal mondo multimediale. Il mondo economico non ha nessun interesse a mostrare la corposità delle soluzioni tecnologiche a lungo termine; vuole solo avvinghiarti nelle sue spire immaginifico-tecnologiche. (Adesso fammi vedere come farai a meno di me, pensa mentre infila la sua proboscide nel tuo portafoglio.)

Nell'esporre le proprie obiezioni occorre essere precisi e fornire prove documentabili.

Per esempio Lei accenna al lancio degli abbonamenti del giornale sull'iPad, ma va anche detto che il costo dell'iPad parte dalle 500 Euro in su. Non è proprio per tutte le tasche, in questo tempo di crisi epocale, credo. Allo stato delle cose l'iPad non può assumere, dunque, una valenza generale, come pare di comprendere dal suo scritto complicante. E, sempre per quanto riguarda l'iPad che funziona con la rete senza fili, non credo debba essere sottaciuto il rischio sulla salute che potrebbe comportare l'essere costantemente avvolti da una rete di onde radio, sia sul posto di lavoro ultramedializzato che nelle abitazioni degli inseguitori multimediali. La chiave di questo suo intervento si trova nel rapporto che va organizzato più che ripensato tra l'informazione vista attraverso la finestra cartacea, che va a passi veloci, e quella vista attraverso la finestra digitale del web, che va ad una velocità sempre più elevata e sempre meno "umana". Di solito si ritiene che chi va troppo veloce debba rallentare per aspettare chi va troppo piano. Ora, la velocità, sempre più implementata, del web coinvolge anche il cartaceo che difficilmente riuscirà a tenere il **passo se**

È importante essere originali e mai banali in ciò che scriviamo.

non cambierà il suo modo di essere "cartaceo". Ancora un esempio, signor Direttore? Eccolo. Ho un particolare foglio in tasca; è ripiegato in più parti e ha l'aspetto (quanto a misure) del tesserino di giornalista che anche Lei come me ha da qualche parte in un taschino del vestiario. Quando questo foglio ripiegato viene aperto non mostra pieghe e rimane rigido, perfettamente foglio di giornale, quanto a misura totalmente estesa. Apparentemente è trasparente e privo di qualunque indicatore funzionale. Invece... pollice e indice stretti nell'estremità destra (o sinistra per i mancini) in basso e... appare il giornale, il *Corriere della Sera*, nel nostro esempio [di un giorno non così lontano, come sembrerebbe da questo esempio fanta (ma) scientifico]. Se un lettore volesse avere di fronte le due lettere, motivanti questo mio contributo pubblico, potrebbe prendere i due testi qui sotto e portarli in alto, a sinistra e a destra del foglio, mentre mi legge. Dentro questo foglio, come il vecchissimo iPad, si può scorrere l'intero *Corriere della Sera* e non solo. Abbonamento pagato, naturale, che l'editore vuole la sua parte per reggere queste "diavolerie". E tanto per non perdere di vista l'obsolescenza (che anche il mondo economico pretende la sua perenne parte) i giornali, dell'un po' più in là, non avranno bisogno di pressioni di dita per far funzionare (tra le innumerevoli funzioni) il cercailgiornaledelgiornox, il girafogli o il cercarticoli. Tutto onde cerebrali, pensi signor Direttore. Anche se da giornalista curioso e sospettoso qualche problemino circa la libertà mentale concomitante alla libertà di stampa, certo Le si affaccerà, tarlino impertinente. Una lettera, dunque, la Sua, che tocca la questione principe che dovrebbe interessare l'intera categoria giornalistica e il fatto che io mi sia sentito coinvolto, sia pure come giornalista pubblicista che è nato nel web e si misura col web, dimostra che questo interesse lo ha creato, non credo solo per quanto mi riguarda.

Ancora un pensiero, orientato verso il suo Cdr questa volta. Non sarà una sfida da poco quella di proteggere la figura professionale giornalistica, non solo dal sottopagamento e dallo sfruttamento tecnologico in atto e prossimo venturo, occorrerà anche distinguerla dagli abborracciant, copiaincollanti e scopiazzanti e/o indebitamente appropriantisi del lavoro altrui, "figure" permesse dal "meraviglioso" web. La stessa figura del giornalista diverrà più poliedrica, tecnologicamente parlando. La parola scritta ormai si accompagna con l'immagine e non è più impossibile che un giornalista sia anche fotografo e sappia usare le tecnologie sempre più necessarie all'organizzazione della finestra mediatica di carta. La televisione non ha ucciso la radio solo perché la radio ha mantenuto la sua capacità di trasmettere immagini alle intelligenze degli ascoltatori. Anche le parole scritte sono in grado di trasmettere immagini, ecco perché alcuni libri sono pieni di immagini anche

senza fotografie o disegni, o richiami al web col, non proprio gratuito ma promettente, QR (*Quick Response*).
Il rispetto delle capacità va di pari passo col riconoscimento economico delle capacità. Se si è costretti a vivere nel mondo economico almeno si cerchi di proteggere gli intelligenti dai debordanti furbi (cresciuti di numero col web). E questo vale per il mio lavoro, e dovrebbe essere il compito del suo Cdr e la sua preoccupazione, signor Direttore, nel momento in cui regge l'urto fra i Suoi colleghi, le attese dei suoi lettori e l'Editore. […]

È importante esprimere con rispetto e chiarezza la propria opinione, senza essere troppo prolissi.

Che questo confronto sia capace di proteggere libertà di stampa e giornalisti dipende anche da Lei signor Direttore. Dipende da Lei perché ritengo debba rimanere vincolato sia all'indipendenza del suo ruolo, sia quanto ad assenza personale di clientela o di committenza, come abbiamo visto nella prima parte di questa mia, spero utile, pubblica lettera. […]
Con l'augurio che il vostro confronto produca buone novità per il mondo informazionale italiano.

La formula di saluto è formale ma semplice

Con cordialità,
Alberto Roccatano
15 dicembre 2010

In genere alla firma si fanno seguire i propri recapiti (indirizzo, telefono, e-mail) per essere eventualmente contattati.

(da www.nexusedizioni.it)

Ricordiamoci di

- focalizzare l'attenzione sul destinatario e sullo scopo della lettera, per scegliere il registro appropriato;
- rispettare la struttura convenzionale nell'organizzazione del testo, soprattutto in contesti formali e professionali;
- inserire la firma e, se necessario, recapiti telefonici, indirizzo e-mail ecc.;
- utilizzare formule di cortesia adeguate nelle lettere formali e professionali;
- controllare scrupolosamente ortografia e sintassi.

ESERCITIAMOCI

a. Scrivi una lettera a un amico per ringraziarlo dell'aiuto che ti ha offerto in un caso di difficoltà.
b. La segreteria della scuola deve scrivere la lettera da spedire ad alcuni genitori per richiedere un colloquio a causa dei problemi scolastici del figlio (assenze, profitto, comportamento ecc.): prova a preparare il modello.
c. Correggi la lettera seguente, scritta da un cittadino al proprio sindaco per segnalare problemi riguardanti la raccolta differenziata dei rifiuti:

ERNESTO GIUNTOLI
55032 Castelnuovo Garfagnana (LU)

LUCIO GADDI
Via Vallisneri, 2
55032 Castelnuovo Garfagnana (LU)

OGGETTO: questa raccolta differenziata proprio non va!!!!

Caro sindaco, Lei e la Sua amministrazione avete deciso ormai da mesi di fare la raccolta differenziata dei rifiuti nel nostro comune. Questa raccolta dei rifiuti si chiama raccolta "porta a porta". Ci avete anche dato un calendario per esporre sulla strada i diversi tipi di rifiuti: il lunedì la carta, il mercoledì la plastica eccetera eccetera e io rispetto il calendario.
Lo sa che invece, nella zona in cui abito io la ditta che deve passare il lunedì a ritirare la carta non rispetta i giorni e gli orari stabiliti? Questo sta succedendo da alcune settimane e crea molti disagi alla popolazione e la carta resta ammassata a volte per giorni sulla strada ed è brutta da vedere. Insieme alla lettera troverà anche una foto della carta sulla strada.
Può per favore controllare e prendere dei provvedimenti?
Faccia qualcosa, noi siamo STUFI.
In fondo alla lettera c'è il mio numero di telefono e e-mail: mi contatti.

Grazie e un caro saluto.
Ernesto

Tel: 33739850
E-mail: giuntolie@email.it

Scriviamo

Il testo che segue è l'immaginaria lettera aperta scritta da un cane, che sulle pagine di un giornale denuncia l'ignoranza che molti umani hanno nei confronti dei sentimenti e dei bisogni dei cani.

1 luglio 2010

Caro direttore,
sono un cane molto scocciato e ho chiesto al mio capobranco di tradurre la risposta a un bipede che dimentica di appartenere anche lui alla specie animale. Ciò che più mi infastidisce da cane quale sono e cioè quadrupede serio, è che i bipedi non sanno un tubo di me e pretendono di dare lezioni a chi ci ama e si prende cura di noi. Per esempio blaterano e ignorano che il fatto di avere il pelo appena più lungo di loro e neanche tanto, dipende dalle razze, non significa non patire il freddo, per cui chi ci accudisce ci mette il cappottino per evitarci colpi di freddo e non perché ci considera bamboline.
Un altro fastidio è l'urlacchiare degli umani quando ci rompiamo le scatole, a ragione, se qualche bambino maleducato ci sbatte sulla testa la sua delicata manina senza chiederci il permesso. Noi cani a differenza degli umani abbiamo conservato l'orgoglio dei nostri avi e ci dà un notevole fastidio che un estraneo, piccolo o grande che sia, si permetta con noi delle confidenze senza che ci conosciamo. Al massimo tolleriamo l'invito di una mano all'altezza del nostro tartufo, una carezza maldestra sopra il capo significa esercitare dominio su di noi e poiché usiamo il naso (che non tradisce) e non la testa, decidiamo a naso appunto, se siamo disposti a concedere la nostra amicizia o no. Se abbassiamo il capo dopo aver annusato e leccato la mano siamo disposti all'amicizia, se alziamo di scatto la testa mandiamo chiaramente a dire che non abbiamo nessuna intenzione di familiarizzare. D'altro canto vorrei vedere la reazione di un bipede se un tizio qualsiasi gli piantasse una manata in faccia. E allora perché noi dobbiamo fare buon viso a cattiva sorte? Imparino piuttosto a rispettare la nostra personalità e la nostra dignità: non siamo balocchi per ragazzini viziati anche se pesiamo un chilogrammo e mezzo.
Infine circola voce che abbiamo necessità di andare ai giardini pubblici dove possiamo correre liberi (secondo il loro concetto di libertà). Sono tutte panzane, per noi è importante stare con il nostro capobranco (non chiamatelo padrone) anche a fare la spesa o dal parrucchiere. I nostri antenati vivevano in branchi e noi discendenti abbiamo assolutamente bisogno di non restare soli nemmeno abitassimo nel parco più grande del mondo, per cui non si mettano la coscienza apposto gli umani che ci sistemano una cuccia in giardino e lì ci lasciano soli tutto il giorno e al più ci portano a una breve e distratta passeggiata nel quadratino verde di fronte a casa. L'argomento cacca non lo tocco nemmeno; sono faccende più adatte agli umani, che se la sbrighino fra loro.

Saluti
Un cane felice amico di Roberta

(da www.varesenews.it)

- Scrivi ora una lettera aperta immaginando che lo stesso cane elogi i comportamenti ammirevoli degli umani nei suoi confronti.

3. ESPRIMERSI IN BREVE: MESSAGGI SMS E WHATSAPP

Che cosa sono

- sono un modo di comunicare rapido ed economico attraverso il proprio telefonino: l'sms (Short Message Service) è un'applicazione che consente di inviare brevi messaggi (160 caratteri) utilizzando varie reti, WhatsApp è un programma di messaggistica istantanea per Smartphone;
- fanno uso di abbreviazioni perché lo spazio per scrivere è limitato e perché si tratta di una comunicazione rapida;
- si utilizzano prevalentemente nella comunicazione quotidiana e informale.

A tutti può essere accaduto di scrivere o leggere messaggi di questo tipo: *Dv 6? tt ok? xké nn risp? m manchi tvb*

A prima vista questo potrebbe sembrare un messaggio in codice. Infatti il linguaggio dei "messaggini", per la rapidità e brevità che lo caratterizza, ha caratteristiche ben precise:

- semplificazione della grammatica:
  - uso limitato o assenza delle lettere maiuscole
  - scarso uso dei segni di punteggiatura, apostrofi e accenti
  - uso di abbreviazioni
- impiego di simboli ed *emoticons* per esprimere emozioni. Ecco alcuni esempi:

:) = felice, divertito   : (= triste, deluso   ;) = fare l'occhiolino

Ricordiamoci di

- utilizzare i messaggini solo nelle situazioni adeguate (informali e confidenziali);
- padroneggiare il codice per decodificare le abbreviazioni;
- essere sintetici ma non incomprensibili!

ESERCITIAMOCI

a. Un tuo amico si trova all'estero e ha inviato ai suoi genitori un messaggio WhatsApp, ma per loro è incomprensibile! Chiedono il tuo aiuto per decodificarlo:
Ehi!tt ok? nn preocc x me, sto trp bn studio cmq m diverto 1 casino ;) cm state?v kiamo dp

....

....

b. Sei stato al cinema e un amico ti chiede di scrivergli tramite sms la trama e un giudizio sul film che hai visto (max 160 caratteri):

....

....

Scriviamo

A mobile story è il romanzo dello scrittore Giuseppe Galante, che racconta la storia di cinque giovani attraverso lo scambio dei loro sms. Quelli che seguono sono i messaggi che Matteo, uno dei ragazzi, manda a Lara all'inizio del romanzo:

ciao Lara, sono il tipo dell'altra sera, Matteo. Quello del telefonino uguale al tuo, ti ricordi? ho kiesto il num alla tua amica, sxero non ti rompa
03.02.08 18:53

... mi sa ke ti rompe visto ke nn mi hai risposto
04.02.08 09:40

facciamo così: s nn mi rispondi entro oggi vuol dire ke nn ti va ke ti rompo e allora prometto che da domani non ti rompo +!
04.02.08 10:23

sai che eri proprio carina alla festa? ma nn gasarti, può anche essere che nn ti abbia vista bene... nn c'era molta luce!
04.02.08 17:15

- In coppia con un compagno di classe, scrivi un breve racconto composto dagli sms che quattro personaggi si scambiano in una giornata: attraverso i messaggini di ciascuno dovrete far capire i loro caratteri e le vicende che li coinvolgono.

4. TENERE UN DIARIO E UN BLOG

Che cosa sono

IL DIARIO:

- si tratta di un quaderno su cui annotiamo, più o meno quotidianamente, quello che ci capita, i nostri pensieri, le nostre riflessioni, i nostri sogni;
- nasce come una scrittura personale e privata, non necessariamente destinata alla lettura da parte di altri;
- utilizza una scrittura libera, senza particolari schemi e restrizioni.

IL BLOG:

- è la versione contemporanea del diario: si tratta di un diario in rete (deriva dall'espressione *web log*, «diario di bordo»);
- nasce come scrittura personale: una persona (il *blogger*) inserisce quotidianamente sul proprio sito personale materiali (testi, foto, video, link ecc.), chiamati *post*;
- non è una scrittura privata perché il *blogger* pubblica in rete i propri materiali, allo scopo di farli conoscere;
- invita altre persone a commentare quanto pubblicato dal *blogger*, e perciò può trasformarsi in uno spazio di discussione (*forum*).

Ecco uno degli esempi più famosi di *diario*, quello della tredicenne Anna Frank:

Ogni volta che scriviamo sul diario si annota generalmente la data, e talvolta anche il luogo, specialmente se siamo in viaggio o lontano da casa.

Sabato, 20 giugno 1942
Per alcuni giorni non ho scritto nulla, perché prima ho voluto riflettere un poco su questa idea del diario. Per una come me scrivere un diario fa un curioso effetto. Non soltanto perché non ho mai scritto, ma perché mi sembra che più tardi né io né altri potremmo trovare interessanti gli sfoghi di una scolaretta di tredici anni. Però, a dire il vero, non è di questo che si tratta; a me piace scrivere e soprattutto aprire il mio cuore su ogni sorta di cose, a fondo e completamente.
"La carta è più paziente degli uomini"; rimuginavo entro di me questa massima in una di quelle giornate un po' melanconiche mentre sedevo annoiata con la testa tra le mani, incerta se uscire o restare a casa, e finivo col rimanere nello stesso posto a fantasticare. Proprio così, la carta è paziente e, siccome non ho affatto intenzione di far poi leggere ad altri questo quaderno rilegato di cartone che porta il pomposo nome di "diario", salvo il caso che mi capiti un giorno un amico o un amica che siano veramente

Lo scopo del diario è in realtà proprio questo: dare sfogo ai propri pensieri, sentimenti, emozioni. Rileggerlo a distanza di tempo servirà a incontrare il nostro io di un tempo e valutare i nostri cambiamenti.

l'amico o *l'amica*, così la faccenda non riguarda che me. Eccomi al punto da cui ha preso origine questa idea del diario: io non ho un'amica. Neppure questo è vero: ho dei cari genitori e una sorella di sedici anni; conosco, tutto sommato, una trentina di ragazze di alcune delle quali potreste dire che sono mie amiche, ho un corteo di adoratori che mi guardano negli occhi e, se non possono fare altrimenti, in classe cercano di afferrare la mia immagine servendosi di uno specchietto tascabile. Ho dei parenti, care zie e cari zii, un buon ambiente familiare; no, apparentemente non mi manca nulla salvo *l'amica*. Con nessuno dei miei conoscenti posso far altro che chiacchiere, né parlar d'altro che dei piccoli fatti quotidiani. Non c'è modo di diventare più intimi, ecco il punto. Forse questa mancanza di confidenza è colpa mia; comunque è una realtà, ed è un peccato non poterci fare nulla. Perciò questo diario. Allo scopo di dar maggior rilievo nella mia fantasia all'idea di un'amica lungamente attesa, non mi limiterò a scrivere i fatti nel diario, come farebbe qualunque altro, ma farò del diario l'amica e l'amica si chiamerà Kitty.

Il tempo verbale usato con più frequenza è il presente (talvolta il passato prossimo).

Kitty sarà il destinatario della scrittura: il diario è una scrittura privata, in cui l'autore scrive per se stesso, rivolgendosi talvolta a un amico immaginario o al diario stesso.

In ogni diario sono contenuti pensieri, esperienze, riflessioni di chi lo scrive.

Il linguaggio è semplice, ma soprattutto libero e personale: possono esserci termini colti e anche gergali, la sintassi può essere articolata, ma più spesso si compone di periodi brevi. Lo stile può risultare frammentario, in quanto segue il libero fluire dei pensieri e talvolta vengono tralasciate informazioni perché note e superflue per chi scrive.

Ricordiamoci di

- annotare la data ed eventualmente il luogo;
- lasciar fluire liberamente i pensieri e la scrittura;
- utilizzare un linguaggio il più possibile personale, anche con abbreviazioni o simboli comprensibili solo a noi stessi.

Veniamo adesso al *blog*, una realtà ormai diffusissima del *web*: esistono *blog* di ogni tipo, da quelli di informazione curati da giornalisti a quelli di cucina o *make-up*. E non mancano *blog* dedicati alla scrittura o al *blogging* stesso:

Ogni *post* riporta una data, il nome dell'autore, le letture effettuate dagli utenti e il numero di commenti: a differenza del diario, il blog è infatti volutamente pubblico e aperto al dialogo.

Il *post* contiene *link* ad altri *post* o siti: non dimentichiamoci che siamo in Rete e che ogni testo è prima di tutto un *ipertesto*.

Il *post* si chiude spesso con una domanda: è un invito al dialogo e alla discussione da parte degli utenti.

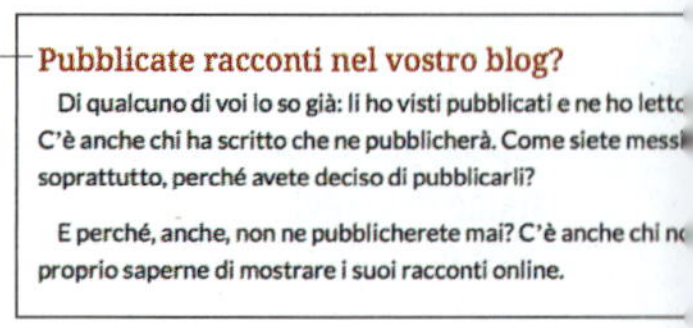

Ricordiamoci di

- scrivere *post* con costanza e regolarità, senza lasciare il blog "muto" per troppo tempo;
- leggere e rispondere ai commenti, soprattutto se il blog è aperto al dialogo e alle discussioni;
- suggerire *link*, rimandando i lettori ad altri siti e *post*;
- utilizzare un linguaggio semplice e corretto ma mai banale.

E POI CI SONO TWITTER E FACEBOOK

Twitter deriva dal verbo inglese *to tweet*, «cinguettare». Si tratta di un *blogging* essenziale e semplicissimo: ognuno, creando un proprio profilo con tanto di *nickname* (soprannome), può quotidianamente pubblicare sul web materiali come foto o micro-testi (i *tweet* appunto), che non devono superare i 140 caratteri. Si può seguire i materiali pubblicati da qualcuno (*following*) o essere seguiti da altri (*follower*). I *tweet* possono essere etichettati con un *hashtag* (#ideareunblog; #carodiario), che contiene le parole chiave del contenuto precedute da cancelletto, in modo che i materiali possano essere facilmente ritracciati da coloro che vogliono partecipare alla discussione.
Anche *Facebook* permette agli utenti registrati di creare un proprio profilo in cui pubblicare materiali (foto, testi), scambiando con altri utenti messaggi pubblici o privati.

ESERCITIAMOCI

Nella seguente pagina, tratta dal diario della scrittrice Sibilla Aleramo, prova a rintracciare le caratteristiche peculiari di questo genere di scrittura.

Roma 21 gennaio, sera (1945)
Esattamente dopo un mese di accampamento qui nella soffitta, i due giovani han potuto andare ad abitare in uno studio ceduto a loro da un amico. Ritrovo il silenzio intorno a me, la solitudine, la possibilità di riprendere a scrivere, e quella mestissima cosa ch'è la libertà, di cui si sente il valore solo quando manca.
C'è la stufa accesa, c'è la piccola lampada velata, come un mese fa, come in tante altre sere di tanti anni. Ma un mutamento è avvenuto in me. Non so precisarlo, non voglio ancora analizzarlo, non posso misurarne l'estensione e la profondità. Solo questo è certo: non sono più la stessa di quando attendevo l'arrivo di Franco, or è un mese. E v'ha nella mia anima l'accettazione silenziosa di questo mutamento. Senza gioia, ma anche senza sofferenza, stranissimamente.
Vedrò le prossime sere se avrò l'impulso di spiegare a me stessa qui nel diario, il mio nuovo stato, oppure se da questo stato sorgerà qualche imprevedibile atto.

(da S. Aleramo, *Diario di una donna. Inediti 1945-1960*, Feltrinelli, Milano 1978)

Scriviamo

- Per circa un mese prova anche tu a tenere un diario cartaceo, in cui annoterai quello che ti accade, le tue riflessioni, le emozioni, le aspettative.
- Suddivisi in piccoli gruppi di lavoro, analizzate alcuni blog letterari e prendete spunto per dare vita a un vostro blog, in cui pubblicherete i testi da voi realizzati (per esempio quelli proposti nei laboratori di questo volume) e i commenti a libri letti nel vostro percorso scolastico.

Nota 1: Qualche esempio:
http://loredanalipperini.blog.kataweb.it/
http://letteratitudine.blog.kataweb.it/

Nota 2: Puoi trovare alcuni consigli sul sito: http://ilmiolibro.kataweb.it/articolo/pubblicare-2/10774/letteratura-guida-ai-blog-letterari/
Può esserti utile il libro di Daniele Imperi, *Adesso blog! Le 22 (immutabili) leggi del blogging*, Anteprima editore; Assago (MI) 2015.

GLI ESSENZIALI

1. STENDERE UN RIASSUNTO

Che cos'è

IL RIASSUNTO:

- è un testo che si ottiene sintetizzando i contenuti di un testo di partenza;
- è un testo che contiene le informazioni essenziali del testo di partenza, risultando più breve;
- è un testo autonomo, che deve essere perfettamente comprensibile anche senza conoscere il testo di partenza.

Leggi il seguente brano:

> Quella mattina Amber si era alzata presto. Il tepore della luce che filtrava dalle persiane l'aveva svegliata con dolcezza e si sentiva di buonumore. Doveva raggiungere l'ufficio di via Farretti, perché l'appuntamento era lì ed era fissato per le otto. Fece una rapida doccia, assaporando il profumo di gelsomino della sua saponetta, si asciugò velocemente i capelli, si vestì, si dedicò a un leggero trucco sul viso, scegliendo un ombretto delicato e un vivace rossetto corallo. Poi la colazione: «che cosa posso preparare?» si chiese. Decise così di mettersi ai fornelli e cucinò degli splendidi pancakes che gustò insieme allo sciroppo d'acero che Mark le aveva regalato il giorno prima. L'aveva trovato in una scatola dorata, in cui trovò anche un disco di jazz. Il tutto insieme a un mazzo di fresie. «Ecco un piccolo pensiero per te» le aveva detto Mark, «per una pronta guarigione, per le attività che stai progettando, o semplicemente perché avevo voglia di farlo: ci deve sempre essere un motivo per regalare qualcosa?». Amber amava il jazz e i pancakes. Come poteva saperlo Mark? Rose, orchidee, margherite... un altro ragazzo forse avrebbe scelto quelle... perché proprio le fresie? «Proprio uno strano tipo» pensò «Si è laureato a fatica in ingegneria, ha iniziato un lavoro che lo ricopriva di soldi, ha mollato tutto per fare il pescatore quaggiù, in un'isola sperduta e ignota anche ai geografi più pignoli... c'è chi dice sia perché era invischiato in brutti giri».
> «C'è qualcuno? Mi dispiace disturbarti così presto, ma ho bisogno di parlarti». Quella voce nasale la irritò all'istante. Non poteva essere che Cloe, a quell'ora e con quel tono falsamente cortese.

Ecco come possiamo procedere con il riassunto, suddividendo in sequenze ed evidenziando le informazioni-chiave:

Sequenza 1: il risveglio di Amber.

> Quella mattina Amber si era alzata presto. Il tepore della luce che filtrava dalle persiane l'aveva svegliata con dolcezza e si sentiva di buonumore.

Doveva raggiungere l'ufficio di via Farretti, perché l'appuntamento era lì ed era fissato per le otto. Fece una rapida doccia, assaporando il profumo di gelsomino della sua saponetta, si asciugò velocemente i capelli, si vestì, si dedicò a un leggero trucco sul viso, scegliendo un ombretto delicato e un vivace rossetto corallo.

Sequenza 2: Amber si prepara.

Poi la colazione: «che cosa posso preparare?» si chiese. Decise così di mettersi ai fornelli e cucinò degli splendidi pancakes che gustò insieme allo sciroppo d'acero che Mark le aveva regalato il giorno prima.
L'aveva trovato in una scatola dorata, in cui trovò anche un disco di jazz. Il tutto insieme a un mazzo di fresie.

Sequenza 3: Amber prepara la colazione con pancakes e sciroppo d'acero che Mark le aveva regalato.

«Ecco un piccolo pensiero per te» le aveva detto Mark, « per una pronta guarigione, per le attività che stai progettando, o semplicemente perché avevo voglia di farlo: ci deve sempre essere un motivo per regalare qualcosa?». Amber amava il jazz e i pancakes. Come poteva saperlo Mark? Rose, orchidee, margherite... un altro ragazzo forse avrebbe scelto quelle... perché proprio le fresie?

Sequenza 4: Amber riflette sui regali di Mark.

«Proprio uno strano tipo» pensò «Si è laureato a fatica in ingegneria, ha iniziato un lavoro che lo ricopriva di soldi, ha mollato tutto per fare il pescatore quaggiù, in un'isola sperduta e ignota anche ai geografi più pignoli....c'è chi dice sia perché era invischiato in brutti giri».

Sequenza 5: Amber riflette su Mark.

«C'è qualcuno? Mi dispiace disturbarti così presto, ma ho bisogno di parlarti». Quella voce nasale che proveniva dalla finestra la irritò all'istante. Non poteva essere che Cloe, a quell'ora e con quel tono falsamente cortese.

Sequenza 6: L'arrivo di Cloe

Ecco un possibile riassunto:

Quella mattina Amber si alzò presto sentendosi di buonumore, poi si preparò per andare all'appuntamento fissato per le otto.
Per colazione si preparò dei pancakes che mangiò insieme allo sciroppo d'acero che Mark le aveva regalato il giorno prima, insieme a un disco jazz e un mazzo di fresie, dicendole che si trattava di un augurio di pronta guarigione o del semplice desiderio di farle un regalo. Inoltre Amber si domandava perché, tra tutti i fiori possibili, lui avesse scelto proprio le fresie.
Mark le sembrava infatti uno strano tipo: dopo la laurea in ingegneria e un lavoro molto redditizio, aveva mollato tutto per fare il pescatore su quell'isola sperduta, forse, si diceva, per il coinvolgimento in brutti giri.
All'improvviso Amber sentì una voce dalla finestra: era Cloe che voleva parlarle, ma il suo tono falsamente gentile la irritava.

(142 parole)

- Il connettivo unisce le due sequenze per dare coesione al testo.
- Generalizzazione: si usa una parola o frase più generale per riunire una serie di informazioni più dettagliate.
- Generalizzazione: si utilizza un iperonimo che riassume una serie di parole.
- Nominalizzazione: le proposizioni sono trasformate in complementi.
- Si eliminano le parti non essenziali e, utilizzando una subordinata implicita, si costruisce un unico periodo.
- La frase esplicita è trasformata in una subordinata implicita.
- Il discorso diretto è trasformato in indiretto.
- Connettivo che unisce le due frasi.
- Connettivo che unisce le sequenze.
- Nominalizzazione: la proposizione causale è trasformata in complemento di causa.

Ovviamente il testo può essere ulteriormente sintetizzato:

> Amber, svegliatasi di buonumore, si preparò per uscire. Prima fece colazione con pancakes e con lo sciroppo d'acero che Mark le aveva regalato il giorno prima, insieme a un disco jazz e un mazzo di fresie. Mentre rifletteva su quello strano ragazzo (aveva mollato tutto per fare il pescatore su quell'isola sperduta, forse per il coinvolgimento in brutti affari) sentì una voce dalla finestra che subito la infastidì: era Cloe che voleva parlarle.
>
> (74 parole)

Ricordiamoci di

- leggere interamente il testo di partenza;
- suddividere il testo in sequenze, dando a ciascuna un titolo;
- evidenziare nelle sequenze le informazioni-chiave;
- cancellare tutte le informazioni accessorie e i dettagli non essenziali;
- riassumere le singole sequenze, senza ricopiare parti del testo;
- raccordare le sequenze tra loro, inserendo gli opportuni connettivi;
- utilizzare tecniche di riduzione del testo, come nominalizzazioni e generalizzazioni;
- non inserire opinioni personali;
- non inserire discorsi diretti;
- utilizzare la terza persona (anche se il testo di partenza è scritto in prima persona);
- mantenere una coerenza nei tempi verbali (al presente o al passato);
- controllare la lunghezza del testo o il numero delle parole (se la consegna prevede un limite).

ESERCITIAMOCI

1. Utilizza le tecniche di generalizzazione e nominalizzazione per ridurre le seguenti frasi.

a. Inseriamo in ciò che mangiamo ogni giorno riso, farro, grano saraceno e quinoa: sarà un'ottima abitudine per pensare alla nostra salute.

b. Lunghissime attese, voli cancellati, bagagli smarriti sono i risultati di due giorni in cui piloti e assistenti di volo hanno incrociato le braccia per protestare contro le modifiche al contratto.

c. Risse, cassonetti incendiati, lancio di petardi e strade piene di lattine per segnare (tristemente) il momento in cui si è conclusa la partita più importante del campionato: i giocatori si dichiarano indignati per quanto hanno compiuto i propri tifosi.

2. Riscrivi in forma testuale la storia seguente, trasformando i discorsi diretti in indiretti.

(da www.speakando.net)

3. Evidenzia le informazioni essenziali del testo seguente, poi dividilo in sequenze e riassumilo in massimo 200 parole, poi riducilo ulteriormente a 100 parole.

***Happy birthday to you* è di tutti: negata l'esclusiva di copyright**

Forse non avremo la sensualità di Marilyn Monroe o la voce acerba ma già straordinaria della quattordicenne Amy Winehouse, ma da oggi possiamo stare tranquilli quando decidiamo di registrare un video per cantare ad un amico, un'innamorata o anche al proprio cane "Buon compleanno". La Warner Chappell Music "non possiede un copyright valido su *Happy Birthday*". E' quanto ha stabilito un giudice della corte federale di Los Angeles liberando così la canzoncina più celebre al mondo dal diritto d'autore. Un duro colpo visto che ogni anno le royalties sulla celebre melodia fruttano alla Warner circa 2 milioni di dollari. Tradotta in decine di lingue in tutto il mondo, dall'inglese al francese, dal tedesco al finlandese, arabo e giapponese, fino all'immaginaria lingua Klingon di Star Trek, *Happy Birthday* è stata composta da due sorelle e maestre d'asilo del Kentucky nel 1893, Mildred e Patty Hill, come uno strumento didattico sperimentale. Nella versione originale era infatti una semplice filastrocca intitolata "Good Morning to All" che i bambini potevano memorizzare e ripetere all'inizio di ogni giorno di scuola.

Il copyright fu registrato dalla Clayton F. Summy Co. nel 1935 e la Warner ne acquistò i diritti nel 1988 quando comprò la società. Da allora a registi, programmatori di suonerie, catene di ristoranti e anche alle Girl Scouts è stato chiesto di pagare per utilizzarla: in caso contrario, è prevista una multa di 150mila dollari. Un business valutato intorno ai 2 milioni di dollari all'anno, che la rende una delle canzoni più redditizie mai pubblicata. Ora però il giudice George King, in seguito ad una causa intentata due anni fa da un musicista ed un produttore che intendono girare un documentario sulla canzone, ha stabilito che *Happy Birthday* è di dominio pubblico perché il copyright registrato dalla Clayton nel 1935 garantisce i diritti solo per alcuni tipi di arrangiamento, ma non della canzone in sé stessa. Poiché Summy Co. non ha acquistato i diritti del testo – scrive il giudice – neanche la Warner Chappell Music come suo successore li possiede. I grandi vincitori della sentenza sono gli studi cinematografici e i registi di Hollywood, che fino a questo momento avevano evitato di eseguire il brano per motivi di bilancio o semplicemente per evitare una battaglia legale. Pubblicamente, almeno, la Warner/Chappell non ha mai chiesto commissioni ai privati cittadini che ogni giorno nel mondo la cantano in occasione dei compleanni.

(da www.repubblica.it)

Scriviamo

Anche l'sms può essere un riassunto!
Ai lettori di un giornale è stato chiesto di riassumere nello spazio dei 160 caratteri di un sms (utilizzando anche le consuete abbreviazioni e simboli) un classico della letteratura, anche in modo ironico, divertente o poetico. Ecco alcuni esempi:

Il fu Mattia Pascal
Mattia Pascal odiato da moglie e suocera grazie ad una vincita e a chi lo crede morto si reinventa in Adriano Meis ma senza identità nn si può neanche amare

Chi non muore si rivede.

Il piccolo principe
Il mondo visto dal nostro bambino: il piccolo principe, esplora il mondo, i sentimenti, e restituisce al protagonista (noi?) l'arte di sorprenderci ancora

1PrincipinoDolce&MisteriosoCadutoDalCieloRiempieDiLuce1PilotaNeiGuai. AllaFineTutti2VolerannoAncora.AncheNoiPossiamo!IlSegreto?ChiedeteloAllaVolpe&allaRosa!

aviere disperso nel deserto della vita incontra un piccolo saggio dai capelli color del grano. piange xché gli spiega la vita ma poi sorride guardando le stelle

(da www.corriere.it)

- Divisi in gruppi di lavoro, scegliete alcuni romanzi e preparate gli sms che ne sintetizzino il contenuto. Ogni gruppo dovrà poi indovinare i romanzi leggendo gli sms di un altro gruppo di compagni.

2. FARE LA PARAFRASI

Che cos'è

LA PARAFRASI

- è una "riscrittura" in prosa di un testo poetico (dal greco *paraphràzein*, cioè «dire con altre parole»);
- utilizza un linguaggio simile a quello quotidiano, superando lo "scarto linguistico" che distingue la lingua poetica;
- serve a comprendere meglio il testo poetico.

Ecco la poesia *L'arboscello* di Umberto Saba e la possibile parafrasi:

L'arboscello

Oggi il tempo è di pioggia.
Sembra il giorno una sera,
sembra la primavera
un autunno, ed un gran vento devasta
l'arboscello che sta – e non pare – saldo;
par tra le piante un giovanetto alto
troppo per la sua troppo verde età.

Tu lo guardi. Hai pietà
forse di tutti quei candidi fiori
che la bora gli toglie; e sono frutta,
sono dolci conserve
per l'inverno quei fiori che tra l'erbe
cadono. E se ne duole la tua vasta
maternità.

Ricostruiamo l'ordine sintattico standard (soggetto-verbo-complemento): il giorno sembra una sera, la primavera sembra un autunno.

La sintassi segue l'ordine standard. Il complemento "di pioggia" può essere reso, con un'espressione più quotidiana, con l'aggettivo "piovoso".

Sostituiamo "giovanetto", parola ormai in disuso, con "ragazzo".

Diamo un'interpretazione a questo aggettivo esplicitando il linguaggio figurato: verde, cioè giovane.

Ricostruiamo l'ordine standard: "quei fiori che cadono nell'erba sono frutta e dolci conserve per l'inverno".

Aggettivo ormai poco usato: meglio sostituirlo con il più semplice "bianco".

Ricostruiamo l'ordine standard, sostituendo il verbo un po' antiquato "dolersi" e interpretando il significato di maternità: "la tua sensibilità di madre ne soffre".

PARAFRASI

Oggi il tempo è piovoso.
Il giorno sembra una sera, tanto è scuro [scioglimento e interpretazione del linguaggio figurato]
La primavera sembra autunno e un forte vento distrugge l'alberello che, nonostante le apparenze, rimane saldo; tra le piante sembra un ragazzo troppo alto per la sua età ancora troppo giovane.
Tu lo guardi. Forse hai pietà per tutti quei fiori bianchi che la bora gli strappa; quei fiori che cadono nell'erba sono (sarebbero divenuti) frutta e dolci marmellate per l'inverno. E la tua sensibilità di madre ne soffre [soffre cioè di fronte alle esperienze difficili che la vita può mettere davanti a un giovane ragazzo, come accade per l'arboscello].

Ricordiamoci di

- ricostruire la sintassi secondo l'ordine standard, semplificandola e usando l'ordine soggetto-verbo-oggetto-altri complementi;
- modificare il lessico scegliendo parole di uso comune e sostituendo quelle difficili e troppo elevate;
- esplicitare le figure retoriche presenti, spiegandole (soprattutto nel caso di figure retoriche di significato) e dandone un'interpretazione.

ESERCITIAMOCI

1. Sostituisci le parole sottolineate con altre di uso comune, ricostruendo inoltre l'ordine sintattico standard dei seguenti versi:

a. *E la tua assenza so quel che mi dice, / la tua assenza che tumultuava* (Vincenzo Cardarelli)

b. *me al largo / sospinge ancora il non domato spirito, / e della vita il doloroso amore* (Umberto Saba)

c. *Non paure di morti ed in congreghe / diavoli goffi con bizzarre streghe, / ma del comun la rustica virtù / accampata all'opaca ampia frescura / veggo* (Giosue Carducci)

2. Esplicita le figure retoriche presenti nelle seguenti parole di canzoni.

a. «Saremo ancora noi due / *come l'asino ed il bue* / *come il bianco e il nero*» (Jovanotti)

b. «So chi sono io / anche se non ho letto Freud» (Samuele Bersani)

c. «Sei chiara *come un'alba* / sei fresca *come l'aria*» (Vasco Rossi)

d. «Sono arrivato qua attraverso mille *incroci* / *di uomini di donne di occhi e di voci*» (Jovanotti)

e. «Sono lontani quei momenti / quando uno sguardo provocava turbamenti /quando la vita era più facile / e si potevano mangiare / anche *le fragole*» (Vasco Rossi)

d. E *la luna* in silenzio ora / si avvicina / con un mucchio di stelle cade / per strada / luna che cammina / luna di città (Lucio Dalla)

Scriviamo

Fai la parafrasi della poesia che segue: dovrai concentrarti sulla ricostruzione dell'ordine sintattico e sulla "normalizzazione" del lessico, insieme a una riflessione sul significato delle figure retoriche presenti.

Alfonso Gatto, *Erba e latte*

Mansueta di campani, la sera remota
alle finestre pallide di cielo
odora umido, e tace in gradini la casa vuota.
Svanisce, continuo tepore di gelo,

nella bottiglia verde, il latte: nuvole chiare
lontanano nel fioco armonioso tacere
della campagna. Sembra compiuto nel limitare
della mia casa il sonno delle riviere.

(in *Isola*, 1932)

3. SVOLGERE UN TEMA

Che cos'è

IL TEMA:

- è un particolare testo che si usa nella pratica scolastica;
- viene composto per rispondere alle richieste di una traccia data (titolo-consegna);
- può essere un testo di vario tipo a seconda di quanto chiesto dalla traccia:
  - *racconta* → testo narrativo
  - *esponi, descrivi, analizza, spiega, soffermati su...* → testo espositivo
  - *rifletti, discuti, Sì o no? A favore o contrario?, esprimi la tua opinione su...* → testo argomentativo.

Ecco alcuni esempi di tracce:

1. «Quando l'ultimo albero sarà stato abbattuto, l'ultimo fiume avvelenato, l'ultimo pesce pescato, ci accorgeremo che non si potrà mangiare il denaro»: l'antica saggezza di un capo indiano ci richiama ai doveri verso il nostro pianeta: soffermati sui problemi causati da un uso indiscriminato delle risorse e sul concetto di "sviluppo sostenibile".
2. Tutto su... i *reality show*
3. Social network: sì o no?
4. Racconta una giornata che rimarrà per te indimenticabile: spiega che cos'è accaduto, chi era eventualmente con te, perché non potrai cancellare quei ricordi.

Il titolo può derivare da una frase proposta come spunto di riflessione.

Si chiede di esporre e argomentare le proprie riflessioni (testo espositivo-argomentativo) su un argomento.

Traccia sintetica e molto ampia: chi scrive dovrà dare un taglio al proprio testo, circoscrivendo gli argomenti da trattare per non essere dispersivo o superficiale.

La traccia prevede una domanda che chiede di riportare la propria opinione su un determinato fenomeno (testo argomentativo).

Il titolo è molto dettagliato e suggerisce già una scaletta di argomenti da trattare.

La traccia richiede la stesura di un testo narrativo.

Ricordiamoci di

- analizzare bene la traccia: individuare la tipologia di testo richiesta;
- valutare il tempo che si ha a disposizione per completare il lavoro;
- pianificare il testo (raccolta delle idee e scaletta);
- valutare se si hanno informazioni sufficienti per affrontare l'argomento: in caso contrario è necessario, se possibile, raccoglierle;
- fare attenzione a non essere banali e scontati nell'affrontare l'argomento;
- dare coerenza e coesione al nostro testo (vedi allenamento n. 5);
- revisionare il testo dopo la stesura (rilettura e autocorrezione).

ESERCITIAMOCI

1. Analizza i seguenti titoli, individuando la tipologia di tema che richiedono; poi, per ognuno costruisci un'ipotetica scaletta.

a. «Avevo vent'anni. Non permetterò a nessuno di dire che questa è la più bella età della vita» (Paul Nizan, Aden Arabia, 1931). Il candidato rifletta sulla dichiarazione di Nizan e discuta problemi, sfide e sogni delle nuove generazioni (Esame di Stato 2012).

b. Vantaggi e svantaggi dell'e-book.

c. Numerosi bisogni della società trovano oggi una risposta adeguata grazie all'impegno civile e al volontariato di persone, in particolare di giovani che, individualmente o in forma associata e cooperativa, realizzano interventi integrativi o compensativi di quelli adottati da Enti istituzionali.

Quali, secondo te, le origini e le motivazioni profonde di tali comportamenti? Affronta la questione con considerazioni suggerite dal tuo percorso di studi e dalle tue personali esperienze. (Esame di Stato 1999)

2. Prova tu a costruire alcuni titoli di temi che vorresti svolgere: tracce ampie, titoli-scaletta e tracce che partono da una frase-stimolo.

Scriviamo

- *Una rosa di… temi*: questo sarà il titolo di una raccolta di temi della vostra classe. Tra i titoli che avrete ideato nell'esercizio precedente, sceglietene alcuni su cui lavorerà tutta la classe: gli elaborati andranno a formare la raccolta che potrete eventualmente stampare e mettere a disposizione nel materiale didattico della vostra scuola.

IL TESTO ESPOSITIVO-INFORMATIVO

1. PREPARARE UNA RELAZIONE

Che cos'è

LA RELAZIONE:

- è un testo che riferisce i risultati di un'esperienza (per esempio un viaggio), di un'attività (un laboratorio, uno stage, un tirocinio) o di una ricerca su un determinato argomento ("La magia nell'antica Roma");
- è un testo che segue una scaletta rigorosa, presentando dati e informazioni, illustrando obiettivi, metodi e risultati;
- è un testo che deve mantenersi su un piano oggettivo, utilizzando un lessico chiaro e tecnico.

Leggi il seguente testo informativo:

Il paragrafo iniziale presenta l'argomento che si affronterà.

Uso di un lessico tecnico (in questo caso di una terminologia storica).

Moda maschile nell'antica Roma

Una graduale trasformazione

Volendo descrivere l'abbigliamento maschile nell'antica Roma occorre innanzitutto distinguere tra il periodo arcaico e repubblicano, caratterizzato da costumi semplici ed austeri, e la Roma imperiale, che vide invece il diffondersi di gusti orientali, con l'introduzione di stoffe, decorazioni e gioielli preziosi anche nell'abbigliamento maschile, tanto che Augusto si vide costretto ad obbligare per legge senatori e uomini con alte cariche ad indossare la toga, per evitare che girassero con preziose vesti ricamate, intessute d'oro e d'argento o ornate di porpora.

Si riportano le fonti da cui si ricavano le informazioni sull'argomento.

Indicazioni chiare, precise e tecniche

Sono le Leggi Suntuarie a fornirci numerose notizie sull'abbigliamento civile dei romani, sebbene si tratti di disposizioni contro il lusso e lo sfarzo (in particolare la Lex Oppia, istituita nel 215 a.C. riguarda però solo il costume femminile). Anche Giulio Cesare, oltre ad Augusto e in seguito gli imperatori Tiberio, Diocleziano, Teodosio, Arcadio e Onorio, dettarono precisi regolamenti per limitare lo sfarzo dei costumi.

Inizia lo svolgimento: l'articolazione in paragrafi provvisti di titoli permette al lettore di orientarsi.

Il capo-base: la tunica

La tunica era formata da due semplici pezzi di stoffa cuciti insieme ed era inossata in modo tale che, legata alla vita, la parte posteriore arrivasse fino alle ginocchia, mentre la parte davanti risultasse più corta, mentre le donne indossavano tuniche lunghe anche fino ai talloni. Le maniche erano corte, fino all'avambraccio, e in inverno si potevano indossare dei guanti. Solo nella tarda antichità le maniche

si allungarono fino ai polsi, come novità proveniente dall'oriente, considerate inizialmente un segno di effeminatezza.
Durante l'età imperiale i romani indossavano in genere due tuniche: una intima (*subucula*) e una esterna (*tunica exterior*).
Le tuniche rimanevano in genere nascoste e il modello rimase lo stesso, fino a quando non venne di moda il *colobio*, molto largo, sciolto e senza maniche, adottato dai primi monaci cristiani.
Nel II secolo si diffuse una lunga tunica con maniche larghe, detta *Dalmatica*, decorata con due larghe clavi verticali, spesso ricamate: ne possiamo vedere alcuni esempi negli affreschi delle catacombe paleocristiane.

I materiali
I materiali più usati furono inizialmente lino e lana. Solo nell'età imperiale si diffusero, nell'abbigliamento dei ricchi, tessuti di cotone e seta, entrambi costosissimi perché provenienti da India e Cina. Nelle zone più fredde si usavano anche pellicce e cappelli di feltro.

Il segno distintivo: la toga
Il capo fondamentale nell'abbigliamento di un cittadino romano (dove per cittadino si intende colui che ha il diritto di cittadinanza romana) era la toga, un mantello monumentale che conferiva alla figura imponenza, dignità e autorevolezza, segno distintivo del *civis romanus* conquistatore: come ricorda Virgilio i romani erano «rerum dominos, gentemque togatam» (*Eneide* I, 2). La toga fu infatti utilizzata per tutti i lunghi secoli del dominio romano e fu abbandonata solo con l'avvento della cristianità e caduta dell'impero, per essere sostituito da capi più semplici e pratici.

> Le virgolette uncinate segnalano la citazione diretta.

> Si riportano gli estremi della fonte.

La toga era all'inizio un ampio semicerchio di stoffa di lana bianca di 2 m e 70 di diametro, poi divenuto ellittico durante l'impero. Veniva indossata dopo aver sistemato una serie di pieghe sul lato lungo e poi poggiata sulla spalla sinistra. Passata dietro la schiena e sotto il braccio destro, veniva poi a poggiarsi sul sinistro, mentre sul davanti ricadeva un motivo di pieghe (*sinus*) che poteva essere usato come tasca. Fondamentale motivo decorativo era il drappeggio: l'oratore Quintiliano (I sec. d.C.) dà precisi consigli su come disporlo annotando anche che il drappeggio doveva essere tenuto in forma la notte prima con appositi moduli di legno. La pesantezza del tessuto e la difficoltà nell'indosso non permettevano gesti scomposti.
I comuni cittadini portavano la toga solo durante le feste religiose, le cerimonie pubbliche e i funerali, mentre la indossavano sempre i senatori, per i quali la toga bianca, ornata da una striscia di color porpora, era il segno distintivo.
In occasione della festa di Bacco (17 marzo) era celebrato, nelle famiglie più ricche, il passaggio alla maggiore età degli adolescenti tra i 15 e i 17 anni: da quel momento essi abbandonavano la *bulla* (che portavano dalla nascita) e smettevano di indossare la *toga praetexta*, orlata di un nastro rosso, e vestivano la *toga virilis*, cioè

la toga in lana naturale indossata in età adulta dai cittadini romani.
Esistevano altri tipi di toga:
- la toga *candida*, indossata dai "candidati" alle cariche pubbliche, che era bianchissima, come simbolo della purezza e onestà delle loro intenzioni;
- la toga *pulla*, bruna o grigio scuro, che veniva portata nei giorni di lutto;
- la toga *picta*, molto decorata, portata dai generali vittoriosi durante il trionfo, dagli imperatori e dai giovani ricchi;
- la toga *contabulata*, introdotta nel tardo impero, con una larga fascia di pieghe sul torace.

Il paragrafo conclusivo tira le fila del discorso. In qualche caso è possibile inserire opinioni personali.

Le trasformazioni nel tardo impero

Come già anticipato le conquiste dell'Impero fecero conoscere usi e costumi di popoli orientali, con la conseguente introduzione di nuovi tessuti (lino, seta), nonché ricami, colori e decorazioni, nella totale indifferenza verso le Leggi Suntuarie.

Uso di connettivi di richiamo per dare coesione al testo.

Dalle zone periferiche dell'Impero arrivarono anche nuovi indumenti che, guardati inizialmente con diffidenza, entrarono poi nell'uso comune, sostituendo gli indumenti fino a quel momento utilizzati, al punto che Giovenale afferma ironicamente che ai suoi tempi la toga era ormai indossata solo dai morti.
Di origine greca era ad esempio il *pallio*, un mantello simile alla toga, che si diffuse in epoca bizantina. Ma l'innovazione più clamorosa furono le *brache*, utilizzate dalle tribù barbariche per proteggersi dal freddo (tanto che i romani dettero a quei territori il nome di "Gallia bracata"). Riconosciuta la loro estrema praticità, le brache si diffusero anche tra i romani e, nonostante i divieti imposti da alcuni imperatori (Teodosio, Onorio e Arcadio) esse entrarono prepotentemente nell'uso quotidiano.

Romano con toga
Le scarpe completavano l'abbigliamento: si potevano indossare le *soleae* (una semplice suola legata con lacci al piede), le *crepidae* (sandali di cuoio intrecciato), i *calcei* (stivaletti chiusi o aperti sul davanti, utilizzati in città) o infine le *caligae* (scarpe con corregge intrecciate, usate prevalentemente dai soldati).

Si possono introdurre immagini e didascalie illustrative.

Elenco delle fonti da cui abbiamo ricavato informazioni.

Bibliografia:

Rosita Levi Pizetsky, *Il costume e la moda nella società italiana*, Torino, Einaudi, 1978
Henni Harald Hansen, *Storia del costume*, Torino, Marietti.

Elenco dei siti web che abbiamo consultato.

Sitografia:

http://mda-arte.blogspot.it/2012/06/gli-antichi-romani-e-i-loro-abiti.html
www.wikipedia.it
www.romanoimpero.com

Ricordiamoci di

- stendere la relazione seguendo rigorosamente una scaletta che preveda: introduzione, corpo della relazione, conclusioni;
- raccogliere informazioni e dati attendibili, senza dimenticare di citare le fonti (libri, riviste, articoli, siti internet, banche dati ecc.) da cui li abbiamo raccolti;
- compilare una bibliografia e una sitografia, cioè un elenco delle fonti consultate per stendere la relazione;
- utilizzare un registro formale;
- inserire eventualmente opinioni personali, in uno spazio distinto da quello destinato all'esposizione delle informazioni;
- prediligere una sintassi chiara e semplice, con periodi brevi e lineari;
- utilizzare dati recenti e attendibili;
- inserire eventualmente grafici, tabelle, fotografie con una buona risoluzione grafica;
- utilizzare una scaletta adeguata, come negli esempi riportati qui sotto.

Relazione su un'attività svolta o su un argomento

- **Introduzione**: presentazione dell'argomento; obiettivi della ricerca, tempi, metodi, materiali della ricerca.
- **Corpo della relazione**: descrizione dettagliata delle fasi dell'attività, operazioni compiute in ordine cronologico; fonti consultate.
- **Conclusione**: sintesi dei risultati ottenuti, presentazione dei dati ottenuti (con grafici, tabelle), problemi emersi e irrisolti, valutazione del lavoro (conoscenze acquisite, difficoltà incontrate ecc.).

Relazione di un'esperienza

- **Introduzione**: persone coinvolte, tempi, luoghi, motivi dell'esperienza (le 5W, su cui vedi p. 9).
- **Corpo della relazione**: preparazione dell'attività e descrizione dello svolgimento.
- **Conclusione**: osservazioni personali e valutazione dell'esperienza.

COMPILARE UNA BIBLIOGRAFIA E UNA SITOGRAFIA

La **bibliografia** è l'elenco delle fonti consultate per la stesura di un testo (relazione, saggio, articolo di giornale ecc.). Per redigerla, dobbiamo citare in ordine alfabetico ciascuna fonte, corredata di una serie di informazioni, separate dalla virgola:

- cognome e nome dell'autore;
- titolo dell'opera (in corsivo); se si tratta di un articolo di giornale citeremo il titolo dell'articolo in corsivo, poi indicheremo il periodico da cui è tratto tra virgolette («») precedute dalla preposizione "in";
- editore;
- città di edizione;
- anno di pubblicazione.

Esempio: Rodari Gianni, *Grammatica della fantasia*, Einaudi, Torino 1973.

La **sitografia** è invece l'elenco dei siti internet consultati, che devono essere ordinati anch'essi alfabeticamente indicando:

- titolo del sito;
- indirizzo web del sito;
- data della consultazione.

ESERCITIAMOCI

1. Devi preparare una relazione su:
   - i gusti musicali degli adolescenti;
   - le trasformazioni degli strumenti di scrittura;
   - un progetto scolastico.

2. Ricerca informazioni su libri, riviste, quotidiani, siti internet; poi progetta la scaletta, stendi la relazione e relativa bibliografia/sitografia.

Scriviamo

Leggi il seguente brano.

Una gita su Marte: il "diario" di Curiosity

"Non vi sono terre straniere; è solo il viaggiatore ad essere straniero."
Robert Louis Stevenson

Lo scozzese Stevenson, autore dell'*Isola del tesoro*, esplorò la California nel 1880, in luna di miele.
Io faccio parte di un gruppo di oltre 500 "viaggiatori" che, da un laboratorio della California, esplora Marte con il robot più sofisticato che abbia mai raggiunto un altro pianeta. Mentre scrivo, *Curiosity* [*il nome del robot n.d.r.*] sta perforando una roccia nel cratere Gale. Un'impresa così primitiva potrebbe non apparire sinonimo di alta tecnologia, eppure lo è. Per arrivare a quella roccia ci sono voluti 10 anni di progettazione sulla Terra e sei mesi di preparativi su Marte...

(da www.nationalgeographic.it)

- "*Una gita su Marte*", "*Il mio periodo di stage all'Onu*", "*L'esperimento con cui ho vinto il Premio Nobel*": sono alcuni possibili titoli per delle "relazioni impossibili" che puoi stendere. Scegline uno oppure inventane un altro a piacere, per fare poi la tua relazione su un'esperienza immaginaria.

2. STENDERE UN VERBALE

Che cos'è

IL VERBALE:
- è un testo scritto per testimoniare quanto si è discusso e stabilito durante una riunione (consiglio di classe, assemblea di classe, assemblea di condominio ecc.);
- segue uno schema fisso (introduzione, svolgimento e conclusione) e utilizza frasi standard;
- è un testo ufficiale e ha valore legale.

Ecco la simulazione di un verbale di un consiglio di classe:

Si indicano data, ora, sede della riunione.

Si utilizza il tempo presente o il passato prossimo.

Si indica il nome dell'organismo che si riunisce.

Il giorno 21 ottobre 2014, alle ore 14:30, presso i locali dell'Istituto Statale Istruzione Superiore "Foresi", si è riunito il consiglio della classe 1a sez. B Indirizzo Scientifico, con la sola componente dei docenti per discutere il seguente ordine del giorno:

Si indica l'ordine del giorno. Se sono previsti più argomenti si indicano in un elenco.

a. andamento didattico-disciplinare
b. organizzazione sportello di recupero
c. organizzazione viaggi d'istruzione
d. varie ed eventuali

Si riportano i presenti e gli eventuali assenti.

Risultano presenti i proff. Benedetta Alberti (Matematica), Anna Farnesi (Italiano e Latino), Serena Giannacci (Storia, Geografia), David Lorenzetti (Fisica), Lorenza Marini (Ed. Fisica), Giovanna Mistori (Inglese), Paolo Spinfilger (Disegno e Storia dell'arte), Giovanni Testori (Religione).
Assente giustificato il prof. Luigi Nannucci (Scienze).

Si indicano presidente e segretario.

Presiede la riunione il coordinatore della classe, prof. Paolo Spinfilger, funge da segretario verbalizzatore la prof.ssa Serena Giannacci.

Formula standard.

Constatata la presenza del numero legale, il presidente dichiara aperta la seduta.

Si sintetizzano gli interventi passando in rassegna i punti all'ordine del giorno.

A proposito del primo punto all'ordine del giorno il prof. Spinfilger, coordinatore della classe, è intervenuto per sottolineare che la classe è composta da 21 alunni, provenienti da varie scuole medie inferiori, che nelle prove d'ingresso hanno presentato risultati eterogenei, ma che nell'insieme si presentano disponibili al dialogo educativo, interessati e assidui nell'impegno. Gli fanno eco i docenti Alberti, Farnesi e Giannacci, che concordano e sottolineano anche la partecipazione attiva durante le lezioni in classe. Il professor Lorenzetti interviene per sottolineare che, pur dimostrando un impegno accettabile, i risultati nella sua materia non sono soddisfacenti.

Si passa quindi a parlare del secondo punto all'ordine del giorno e il prof. Spinfilger chiede quali sportelli di recupero sia necessario attivare fin da subito. Si decide per gli sportelli di Fisica e Matematica.

Riguardo al punto c. all'ordine del giorno il presidente chiede chi sia favorevole all'organizzazione di un viaggio di istruzione. Si vota per alzata di mano. L'esito della votazione è: 7 favorevoli, 1 contrario (Spinfilger). A maggioranza quindi si decide che la classe farà un viaggio di istruzione e il prof. Testori si offre disponibile per organizzarlo.

Si riportano le decisioni prese, le votazioni con le loro modalità ed esiti.

Giunti all'ultimo punto all'ordine del giorno, la prof. Mistori interviene per invitare i docenti a un maggiore controllo sull'uso dello smartphone in classe.

Esauriti i punti all'ordine del giorno e non essendoci altro da deliberare, il presidente dichiara chiusa la seduta alle ore 15:30.

Formula standard di chiusura.

Letto, approvato e sottoscritto.

Formula standard.

Firma del presidente	Firma del segretario
Paolo Spinfilger	*Serena Giannacci*

Ricordiamoci di

- chiarire l'ordine del giorno (o.d.g.), cioè l'argomento di cui si discute;
- seguire uno schema fisso nella stesura del verbale:
  - **introduzione**: data, ora, sede della riunione; indicazione dell'organismo riunito (consiglio di classe, assemblea di condominio ecc.); ordine del giorno (o.d.g.); presenti e assenti; nomina di presidente e segretario (cui spetta la redazione del verbale);
  - **svolgimento**: interventi dei partecipanti, proposte, discussioni relative all'o.d.g.; decisioni prese e modalità (votazione, unanimità, maggioranza ecc.); varie ed eventuali: discussioni aggiuntive rispetto a quanto già previsto dall'o.d.g.
  - **conclusione**: chiusura dei lavori (orario, formule fisse per la chiusura della seduta); firma di presidente e segretario.
- utilizzare un registro formale e uno stile impersonale: i verbi, prevalentemente al tempo presente e al passato prossimo, saranno sempre usati in terza persona;
- non introdurre nessun commento o giudizio personale;
- utilizzare le espressioni standard. Qualche esempio:
  - Il giorno... nei locali... alle ore... si riunisce... per discutere il seguente o.d.g.
  - Risultano presenti...
  - Risultano assenti...
  - Presiede la seduta...
  - Funge da segretario...
  - Constatata la presenza del numero legale il presidente dichiara aperta la seduta...
  - Il sig. / la sig. propone...
  - La proposta è approvata all'unanimità / a maggioranza
  - La proposta è respinta a maggioranza
  - Varie ed eventuali
  - Esauriti gli argomenti all'o.d.g. la seduta viene tolta alle ore...
  - Letto, approvato e sottoscritto.

ESERCITIAMOCI

1. Durante la riunione di condominio un tuo vicino di casa, incaricato di scrivere il verbale, ha commesso diversi errori, alcuni dei quali sono sottolineati: spiega di che tipo di errore si tratta, poi correggi l'intero testo.

Verbale Assemblea Condominio *I platani* – 12 ottobre
Oggi 12 ottobre si riunisce l'assemblea dei proprietari del condominio "I platani", via cerretani Quarrata (PT). L'ordine del giorno è:
- intervento di manutenzione viale e corridoio esterno;
- riparazione cancello automatico;
- varie ed eventuali;

Sono presenti in proprio o per delega tutti i condomini eccetto Pierluigi (detto *Pierlo*). Io, cioè Danilo Pietrucci, faccio il segretario (non vorrei ma mi tocca sempre!!!).
Il presidente dichiara aperta la seduta e parliamo, molto animatamente, del primo punto all'ordine del giorno:
l'amministratore dice che molti condomini hanno richiesto di intervenire nella manutenzione degli spazi esterni (tipo il viale, il corridoio e i marciapiedi) perché cominciano davvero a essere indecenti se non addirittura pericolosi. Domanda a tutti se deve chiedere un preventivo. Interviene il Buralli che, come sempre, non è d'accordo: dice che sono già state fatte troppe spese e non si può fare altro. Codai, Ferrini e Leali sono d'accordo con lui. La sig. Ricci invece dice che andrebbe fatta la manutenzione, perché dopo pagheremo di più. La sig. Mappelli interrompe la discussione e parla mezz'ora per dire che le danno fastidio le erbacce lungo il viale. L'amministratore finalmente la ferma e dice: ma allora con questi viali che facciamo? Si vota? (Non c'è più tempo: la Mappelli ha parlato troppo come al solito) Si vota e la proposta è respinta a maggioranza (per l'ennesima volta...).
Si passa velocemente al secondo punto: l'amministratore dice che la riparazione al cancello automatico è stata fatta da una ditta molto competente e ora non dovrebbe guastarsi per un po'. O almeno si spera.
Niente "Varie ed eventuali"!
Si chiude alle 22:30.

Scriviamo

Organizzate un'assemblea di classe in cui discutere una serie di argomenti. Vi diamo qualche suggerimento da inserire nell'ordine del giorno:
- possibilità di effettuare l'orario scolastico in 5 giorni anziché 6;
- organizzazione del viaggio d'istruzione;
- organizzazione della festa di fine anno scolastico;
- organizzazione dei corsi di recupero.

- Dopo aver nominato presidente e segretario date inizio alla discussione. Al termine, ognuno (non solo il segretario in questo caso) dovrà stendere il verbale dell'assemblea.

3. SCRIVERE UN CURRICULUM VITAE

Che cos'è

IL CURRICULUM:

- è un testo in cui una persona illustra il proprio percorso di studi ed esperienze professionali (curriculum vitae significa «corso della vita») per presentarsi in un ambiente di lavoro;
- segue in genere uno schema predefinito: il modello più diffuso è il CV europeo;
- può essere un'occasione per riflettere su se stessi, sulle proprie scelte e i propri obiettivi.

Ecco un esempio inventato di CV secondo il modello europeo:

CURRICULUM VITAE

INFORMAZIONI PERSONALI

I recapiti sono fondamentali: chi legge deve potervi rintracciare facilmente.

Spazio in cui inserire la foto

Nome e cognome: Serena Rinaldi
Indirizzo: Via Giovanni Verga, 45 - 59100 Prato (PO)
Numero telefonico: 0574 4593786
Telefono cellulare: 335 6703856
Indirizzo e-mail: serena.rinaldi@email.it
Sesso: F
Data di nascita: 16/9/1983
Nazionalità: italiana

OCCUPAZIONE DESIDERATA

Redazione editoriale

ESPERIENZA PROFESSIONALE

Si inseriscono le esperienze professionali svolte partendo dalla più recente. Si forniscono nomi e indirizzi dei precedenti datori di lavoro.

Si elencano i compiti svolti.

da ottobre 2013 a oggi	Redattore editoriale della rivista on line Sestilia - Ricerca e assegnazione argomenti - Revisione di articoli - Redazione di articoli - Traduzione da inglese e tedesco
da gennaio 2011 a giugno 2013	Correttore di bozze presso Casa Editrice La Lince, Via Galilei, 15 Prato - Valutazione di manoscritti - Revisione di testi poetici e narrativi
da ottobre 2008 a ottobre 2009	Stage presso Casa Editrice Moschete Via Guerrazzi, 38 Firenze

ISTRUZIONE E FORMAZIONE

da settembre 2005 a luglio 2008	Laurea Magistrale in Filologia Moderna Università degli Studi di Firenze Linguistica italiana, Letteratura italiana moderna e contemporanea, Storia della lingua italiana, Sociolinguistica, Archiviazione, Bibliografia e biblioteconomia, Filologia moderna
da settembre 2002 a maggio 2005	Laurea in Lettere Università degli Studi di Firenze Letteratura italiana, Storia della lingua italiana, Geografia, Storia
da settembre 1997 a giugno 2002	Diploma di Liceo Linguistico Liceo Livi (Prato)

> Si inserisce per primo il titolo più recente, indicando dove si è conseguito e le principali materie, discipline, abilità che caratterizzano la qualifica.

COMPETENZE PERSONALI

Lingua madre	Italiano
Altre lingue	Inglese Comprensione (ascolto: avanzato - lettura: avanzato) Parlato (interazione: avanzato - produzione orale: avanzato) Produzione scritta: avanzato Tedesco Comprensione (ascolto: intermedio - lettura: intermedio) Parlato (interazione: intermedio - produzione orale: intermedio) Produzione scritta: intermedio
Competenze comunicative	Possiedo buone competenze comunicative: so relazionarmi con persone di ogni tipo, anche di diverse lingue e culture, rispondendo alle loro precise richieste con chiarezza, precisione e professionalità, grazie alle esperienze acquisite durante le attività menzionate di lavoro e stage.
Competenze organizzative e gestionali	Ho buone compentenze organizzative: sono in grado di lavorare in autonomia e in team, anche coordinando il lavoro di altri. So assumere responsabilità e definire priorità, rispettando scadenze e chiarificando obiettivi.
Competenze professionali	Correzione di bozze, traduzioni dall'inglese all'italiano e viceversa.
Competenze informatiche	Pacchetto Office. Posta elettronica e navigazione web. Principali social network.
Altre competenze	Esperienza nelle attività formative dei bambini, acquisite durante la mia esperienza di baby sitter. Sono appassionata di cinema e teatro, amo viaggiare e pratico da circa tre anni il pilates. Adoro i cani e allevo cuccioli di Golden Retriever.
Patente di guida	Patente B.

> Si inseriscono qui le proprie capacità comunicative: quanto e come so comunicare con le persone, anche di diverse culture e lingue.

> Si indicano qui le proprie competenze nell'organizzare il lavoro, proprio ed eventualmente di altri, nell'ottica del rispetto di obiettivi e scadenze.

> Si indicano qui competenze più specifiche, legate alle esperienze professionali svolte.

> Si inseriscono in questo spazio esperienze acquisite in ambiti diversi da quelli professionali prima citati. Si possono inserire anche i propri interessi e hobby.

In questo spazio si inseriscono le eventuali pubblicazioni, partecipazioni a convegni, seminari, associazioni.

Elenchiamo i documenti che allegheremo al CV.

ULTERIORI INFORMAZIONI	Partecipazione al convegno "Infanzia e Lettura", (Roma, 21-25 aprile 2015)
DATI PERSONALI	Autorizzo il trattamento dei miei dati personali ai sensi del Decreto Legislativo 30 giugno 2003, n. 196 "Codice in materia di protezione dei dati personali".
ALLEGATI	Copie dei diplomi di laurea Copie delle certificazioni linguistiche Attestazioni di servizio Lettera di presentazione del datore di lavoro attuale

Ricordiamoci di

- chiarificare lo scopo per cui si compila il curriculum, tenendo ben presente il destinatario;
- raccogliere le informazioni personali utili allo scopo, tralasciando quelle non funzionali;
- pianificare il testo: selezionare le informazioni e l'ordine in cui proporle, seguendo un modello (in genere il CV europeo);
- revisionare il testo, dopo la stesura;
- essere chiari e concisi: il CV deve non deve essere troppo lungo e le frasi devono risultare chiare e semplici, ma sempre professionali;
- utilizzare un carattere tipografico (font) elegante ma semplice: deve trasmettere professionalità;
- utilizzare un lessico medio: non troppo specialistico, ma senza espressioni del linguaggio quotidiano.

ESERCITIAMOCI

1. Un tuo amico ha preparato il suo CV per trovare lavoro presso un albergo, ma ti accorgi che diverse cose non vanno. Individua gli errori che ha commesso nell'impostazione grafica; nel registro utilizzato; nel fornire le informazioni.

CURRICULUM VITAE	
INFORMAZIONI PERSONALI	*Nome e cognome*: Giovanni Spazzoni *Indirizzo*: Via Cavour, 67 - Firenze *Numero telefonico*: *Telefono cellulare* *Indirizzo e-mail*: *Sesso*: M *Data di nascita*: 14/8/1987 *Nazionalità*: italiana
OCCUPAZIONE DESIDERATA	Commesso

ESPERIENZA PROFESSIONALE	
da settembre 2014 a oggi	Addetto alle vendite - Contatto con i clienti - Responsabile magazzino
da gennaio 2013 a maggio 2014	Lavoro presso Agriturismo "Gli Olmi" - Rispondere al telefono per prendere le prenotazioni - Accoglievo i clienti per il check in e check out - Vendita di prodotti: marmellate, verdura, frutta, pane, uova tutto assolutamente biologico
da maggio 2005 a ottobre 2009	Tirocinio all'estero presso Camper Placeta Montcada, 11 Barcellona (Spagna)

ISTRUZIONE E FORMAZIONE	
da giugno 2006	Diploma Istituto Tecnico Commerciale Vespucci Livorno
da settembre 2006 a gennaio 2010	Laurea in Comunicazione Pubblica, Sociale E d'Impresa Università degli Studi di Pisa Economia, Sociologia, Comunicazione... ecc. ecc.

COMPETENZE PERSONALI	
Lingua madre	Italiano
Altre lingue	Inglese Comprensione (ascolto: avanzato - lettura: avanzato) Parlato (interazione: avanzato - produzione orale: avanzato) Produzione scritta: avanzato Francese Comprensione (ascolto: intermedio - lettura: intermedio) Parlato (interazione: intermedio - produzione orale: intermedio) Produzione scritta: intermedio
Competenze comunicative	Mi piace stare con la gente, parlare, comunicare... altrimenti non avrei fatto scienze della comunicazione! Parlo bene inglese e francese (abbastanza), perciò con i clienti stranieri... no problem!!!
Competenze organizzative e gestionali	So organizzare bene il mio lavoro e sono sempre in anticipo sulle consegne. Faccio il lavoro in fretta!
Competenze informatiche	Il pc non ha segreti per me.
Altre competenze	Nell'anno 2011/2012 ho fatto il servizio civile volontario presso l'associazione Le Briglie e ho organizzato il doposcuola dei ragazzi, perciò ho molta competenza nelle attività formative per bambini e adolescenti!
Patente di guida	Patente B.

ULTERIORI INFORMAZIONI	
	Niente da aggiungere
DATI PERSONALI	Autorizzo il trattamento dei miei dati personali ai sensi del Decreto Legislativo 30 giugno 2003, n. 196 "Codice in materia di protezione dei dati personali".
ALLEGATI	Copie dei diplomi di laurea

2. Immagina il curriculum che vorresti avere quando ti affaccerai sul mondo del lavoro e preparalo, specificando i tuoi studi, esperienze professionali, passioni e competenze.

Scriviamo

CURRICULUM VITAE	
INFORMAZIONI PERSONALI	
	*Nome e cognome*: Mary Poppins *Indirizzo*: Via delle Nuvole 39506 *Numero telefonico*: 00000 *Telefono cellulare* 333333000000000 *Indirizzo e-mail*: Supercalifragilistichespiralidoso@email.it *Sesso*: F *Data di nascita*: ???? *Nazionalità*: Cittadina del mondo
OCCUPAZIONE DESIDERATA	
	Baby sitter

- Distribuiti in coppie di lavoro, scegliete un personaggio di fantasia (della letteratura, del cinema, del fumetto ecc.) e compilate il suo curriculum vitae.

IL TESTO REGOLATIVO

DARE REGOLE E ISTRUZIONI

Che cos'è

IL TESTO REGOLATIVO:

- è un testo che può appartenere a due categorie:
  - *istruzioni*, che spiegano come raggiungere uno scopo (fare un gioco, preparare una pietanza, utilizzare uno strumento, assumere un farmaco ecc.);
  - *regolamento*, che stabilisce il comportamento da seguire in una determinata situazione (partecipazione a un evento, fruizione di un servizio ecc.): indica regole, prescrive obblighi e divieti, con le relative sanzioni;
- è un testo schematico, con un linguaggio chiaro e oggettivo;
- è un testo breve ed essenziale, completo però di tutte le informazioni necessarie per la comprensione del lettore.

Leggi il seguente regolamento:

Il testo è formato da un elenco di articoli, con una struttura schematica e chiara.

Uso di termini specifici.

Si prescrivono obblighi, divieti e relative sanzioni.

Si usa il modo indicativo (con l'aggiunta dei verbi servili "potere" e "dovere" per indicare regole di comportamento).

Regolamento per la partecipazione al Concorso Internazionale di Poesia "Città di Quarrata"

Art. 1 - Per ragioni culturali, formative e di confronto sarà consentita la più ampia libertà di tema.

Art. 2 - Ogni poeta potrà partecipare con opere inedite o edite, che non abbiano conseguito il primo premio in altro concorso, e che tale requisito rimanga alla data di conclusione dei lavori della Giuria. Ove successivamente risultasse, attraverso qualsiasi fonte, che le poesie – anche in una versione modificata – fossero state premiate in altro concorso, rimane fermo l'obbligo per il poeta, non solo morale, di restituire i premi ricevuti. L'organizzazione del premio si riserva di darne notizia mediante pubblicazione su stampa specializzata.

Art. 3 - I partecipanti potranno presentare due liriche, ciascuna non superiore ai 40 versi (in 8 copie cadauna per un totale di 16 copie). Soltanto sulla copia originale di ciascuna lirica dovranno essere indicate le complete generalità: nome, cognome, indirizzo e numero telefonico, e-mail se posseduta, pena l'esclusione dalla partecipazione.

Art. 4 - Il vincitore di questa 34ª edizione potrà partecipare nuovamente al Concorso Internazionale di Poesia "Città di Quarrata" dopo 3 anni (2018 compreso). Regola valida anche per il "Premio Speciale Estero" e "Premio Montalbano".

Art. 5 - Il presente Bando scade il giorno 31 maggio 2015, farà fede il timbro postale.
Le opere devono essere inviate a:
Concorso Internazionale di Poesia "Città di Quarrata"
Casella Postale 105 – 51039 Quarrata (PT)
Oppure inviare via e-mail in formato PDF a: poesia@prolocoquarrata.it

(da www.prolocoquarrata.it)

Ed ecco un altro testo regolativo: questa volta si tratta di istruzioni per preparare una torta gustosa:

LA TORTA DI ANTONIA

Ingredienti

250 gr di ricotta
250 gr di zucchero
3 uova
75 gr di cacao amaro
1 bustina di lievito per dolci
100 gr di burro
80 gr di farina

Per la glassa:
100 gr di cioccolato fondente
Per decorare:
Roselline di zucchero
Codette colorate

Preparazione

Lavorare la ricotta con lo zucchero usando le fruste elettriche. Incorporare le uova, il cacao amaro, la farina mescolata con il lievito e infine il burro sciolto. Continuate a sbattere fino a ottenere una crema tipo mousse. A questo punto trasferire l'impasto in una tortiera foderata di carta da forno e cuocere a 180° per 30 minuti.
Per la glassa sciogliere il cioccolato fondente tagliato a pezzetti a bagnomaria e spalmarlo con una spatola sulla torta, una volta che si sarà raffreddata. A questo punto si può decorarla con farfalline o roselline di zucchero o codette colorate.

(da http://www.benedettaparodi.it)

La struttura è schematica, il testo breve ed essenziale.

Verbi all'infinito che indicano un "ordine".

Verbi all'imperativo che indicano un "ordine".

Uso di termini tecnici e specifici.

Ecco infine un ultimo esempio di testo regolativo: si tratta del manuale d'istruzioni per un gioco di carte:

REGOLE DI GIOCO DI UNO

Scopo del gioco

Scartare per primi tutte le proprie carte, cioè rimanere senza carte in mano.

Preparazione

Ogni giocatore pesca a caso una carta dallo 0 al 9, chi ha la carta col valore più alto diventa mazziere. Compito del mazziere è di mescolare le carte e distribuire, una alla volta, 7 carte ad ogni giocatore. Chi è alla sinistra del mazziere inizia il gioco e, al termine della mano, diventa mazziere.

La struttura è schematica e prevede parti fisse: dichiarazione dello scopo del gioco, preparazione, svolgimento e chiusura.

Uso di termini tecnici (mazziere, pescare, scartare ecc.).

La sintassi è breve, lineare e semplice: le regole del gioco devono essere facilmente comprensibili per chi legge.

Formulazione di ipotesi e relative soluzioni.

Grafici e tabelle illustrative.

Obblighi, divieti e sanzioni.

Svolgimento del gioco

Il mazziere dà ad ogni giocatore 7 carte e pone il mazzo di carte rimaste al centro del tavolo. Da questo mazzo in seguito verranno pescate le carte occorrenti. Scopre ora la prima carta di questo mazzo e la lascia sul tavolo, visibile. Ogni altra carta scartata in seguito verrà posta sopra a questa a formare il mazzo degli "scarti". Nel gioco UNO vi sono carte NORMALI e carte SPECIALI. Le carte normali, numerate da 0 a 9 sono di 4 colori diversi (rosso, giallo, verde e blu). Una carta NORMALE può venire scartata se il suo colore o il numero corrispondono a quelli della carta visibile in cima al mazzo degli scarti.

Esempio: se la carta in cima al mazzo degli scarti è un "3 ROSSO", il giocatore che è di turno può scartare una carta di valore "3" anche se di colore diverso dal rosso; oppure una carta rossa di qualsiasi valore.

Al proprio turno si può scartare una sola carta. Se non si hanno carte da scartare si è costretti a pescare dal mazzo al centro del tavolo. Se la carta pescata è utile la si scarta; se invece non lo è, la si deve tenere in mano assieme alle altre. Il turno passa ora al giocatore successivo.

Chiusura

Quando un giocatore scarta la penultima carta che ha in mano deve dichiarare "UNO" ad alta voce per avvisare che è in procinto di chiudere. Se non lo fa, e gli altri giocatori se ne accorgono, è obbligato a pescare due carte.

Quando un giocatore scarta l'ultima carta, la mano finisce e si calcolano i punti. Se l'ultima carta giocata è "PESCA 2" oppure "JOLLY +4", il giocatore successivo deve pescare le carte indicate prima di calcolare il punteggio.

Nel caso termini il mazzo da cui pescare prima che qualcuno sia riuscito a chiudere, si prendono le carte già scartate (lasciando però sul tavolo l'ultima carta scartata per continuare il gioco) e si mescolano per formare un nuovo mazzo da cui pescare.

Punteggio: quando un giocatore chiude, tutti sommano i valori delle carte che hanno in mano e il totale di queste somme forma il punteggio a favore di chi ha vinto la mano. Il giocatore che per primo raggiunge 500 PUNTI, vince la partita. La tabella che segue riepiloga i valori delle singole carte:

Carta	Punti
Pesca +2	20
Cambio giro	20
Salta il turno	20
Jolly	50
Jolly +4	50

Penalità

- Se un giocatore durante la partita gioca una carta sbagliata, deve pescare 4 carte dal mazzo.
- Se un giocatore suggerisce ad un altro qualé carta giocare, pesca per penalità 4 carte dal mazzo.

- Se un giocatore gioca un "JOLLY 4" avendo in mano una carta del colore che detta il gioco, viene penalizzato e deve pescare 4 carte.
- Quando viene giocato un "JOLLY+4", il giocatore che segue può sfidare chi ha giocato il "JOLLY+4" e costringerlo a mostrargli le carte che ha in mano per verificare che non ci siano carte alternative. Se effettivamente il "JOLLY+4" era l'unica carta giocabile, oltre alle 4 carte lo sfidante dovrà prenderne altre 2 per penalità e saltare il turno. Se invece verifica che c'era una carta giocabile (del colore in gioco), costringe chi ha giocato il "JOLLY+4" a riprendersi questa carta, a giocare la carta giocabile e a pescare per penalità 4 carte dal mazzo.

Ricordiamoci di

- individuare scopo e destinatario del testo regolativo;
- organizzare una scaletta, prevedendo una struttura schematica, spesso scandita da punti-elenco;
- revisionare il testo verificando che risulti perfettamente chiaro per il lettore, eliminando il superfluo;
- non inserire opinioni o commenti personali;
- utilizzare un linguaggio tecnico e preciso;
- scegliere una sintassi semplice, con verbi prevalentemente all'infinito, all'imperativo, all'indicativo presente;
- formulare ipotesi, obblighi, divieti e relative sanzioni.

ESERCITIAMOCI

1. Illustra a un amico straniero le "regole" per fare un buon caffè italiano con la moka.
2. Illustra le regole del gioco del tuo sport preferito.
3. La tua scuola sta organizzando un concorso di fotografia: scrivi il regolamento per i partecipanti.

Scriviamo

Leggi il seguente articolo:

8 cose da fare per essere felici: la scienza ci mostra la ricetta perfetta
ROMA - Che cos'è la felicità? E soprattutto: come si fa ad avere una vita più felice possibile? La scienza ha voluto rispondere a questa domanda, mostrandoci ben 8 cose che dobbiamo fare assolutamente. Il padre della psicologia positiva Martin Selingman ha dichiarato che il 60% della felicità dipende dai geni e dall'ambiente, mentre il restante 40% dipende esclusivamente da noi.

Trascorrere almeno 20 minuti al giorno all'aria aperta: aiuta a mantenerci di umore migliore e migliora la memoria, come dimostrano alcuni studi del 2010 pubblicati dal Journal of Environmental Psychology.
Impegnatevi a essere felici: se vi impegnerete a essere felici, alla fine ci riuscirete. A dimostrarlo due studi pubblicati dal Journal of Positive Psychology.
Scoprite i vostri punti di forza: un esperimento di Shawn Achor, psicologo ad Harvard, dimostra che scoprire il vostro punto di forza e usarlo in un nuovo modo ogni giorno vi farà sentire più felici.
Fate esercizio fisico: l'attività fisica rilascia endorfine che migliorano il vostro umore. Se lo fate con regolarità, il vostro buon umore si estenderà anche ai giorni in cui non potrete praticare sport.
Date un significato alla vita: secondo uno studio dei ricercatori della Tohoku University in Giappone, il 95% delle persone che hanno il "senso della vita" era vivo ben 7 anni dopo aver eseguito un'indagine iniziale.
Passate il vostro tempo con persone felici: la felicità è contagiosa. A dimostrarlo uno studio pubblicato su Statistics in Medicine condotto dalla Harvard University. Se una persona diventa felice, l'amico vicino ha una probabilità del 25% in più di diventare felice anche lui.
Relazioni sociali forti: una famiglia amorevole, pochi amici intimi e forti legami con la comunità. Ecco di cosa si ha bisogno per essere felici: a dimostrarlo uno studio dello psicologo Shawn Achor compiuto tra 1.600 studenti di Harvard.
Abbiate cura degli altri: se passerete del tempo ad aiutare gli altri sarete più felici. Lo dimostra lo studio di Suzanne Richards dell'Università di Exeter Medical School, che ha preso in esame 40 studi sul legame tra volontariato e salute, mettendo in evidenza che il volontariato fornisce maggiore benessere e meno casi di depressione.

(da www.leggo.it)

- Prova a scrivere tu la tua personale "ricetta della felicità".

IL TESTO ARGOMENTATIVO

1. SCRIVERE UN ARTICOLO DI OPINIONE

Che cos'è

L'ARTICOLO DI OPINIONE:

- è una delle tipologie di articolo di giornale (per le quali vedi anche p. 86);
- è un testo in cui, a partire da una notizia di attualità o da un evento culturale, si esprime il proprio punto di vista e pensiero (commenti a eventi politici e culturali ecc.);
- è un testo che prevede una struttura precisa: presentazione della propria tesi, argomenti a sostegno, confutazione delle possibili obiezioni, conclusioni;
- è un testo che deve utilizzare efficaci tecniche argomentative, per convincere chi legge della validità delle proprie opinioni.

Leggi il seguente testo:

I giornali esisteranno sempre

Uno dei dirigenti di Google News rispondendo ad alcune domande fattegli da un giornalista sul destino dei giornali nell'era di Internet, ha risposto di non condividere l'opinione di quanti pensano che non ci sia più spazio né lettori per la stampa scritta su carta e forse neppure per i libri, quale che ne sia l'argomento. D'ora in avanti – così sostengono i cosiddetti esperti – tutto avverrà in Rete nei metodi e con il linguaggio che alla rete più si confà.

> Si presenta il tema affrontato con un'introduzione accattivante (citazioni, frasi a effetto, riferimenti esterni ecc.) che catturi l'interesse di chi legge.

Il linguaggio, come tutti sappiamo, è un prodotto prezioso del pensiero e con il pensiero a sua volta interagisce. Quindi anche il pensiero nel prossimo futuro ne sarà modificato.

Anche a me, giornalista e scrittore di libri, è accaduto in più occasioni di riflettere su questo tema che sta penalizzando già da tre o quattro anni le vendite dei libri e dei giornali in misura assai pesante e le mie riflessioni mi hanno portato alla medesima conclusione del dirigente di Google News: né i giornali né i libri scritti su carta sono destinati a scomparire purché vi sia un radicale mutamento dei palinsesti.

> L'opinione di una persona ritenuta esperta dell'argomento che la pensa come noi può dare forza al nostro pensiero: è uno degli argomenti a sostegno della tesi.

> Si enuncia in modo chiaro la propria opinione, ovvero la **tesi**.

In che consiste questo mutamento? A me sembra evidente: consiste nel rapporto tra le notizie e i commenti e nella diversa importanza tra i vari temi che l'attualità propone all'attenzione dell'opinione pubblica.

> Si riportano gli argomenti a favore della nostra tesi: gli elementi che possono confermarla e convincere della sua validità.

Faccio qualche esempio che riguarda anzitutto la tempistica. I giornali scritti che vanno in edicola al mattino sono composti il giorno precedente alla loro uscita, le ultime notizie che possono ospitare sono quelle che accadono entro l'una di notte e i lettori, quando acquistano i giornali dalle sette del mattino in poi, quelle notizie le possono aver conosciute già perché hanno potuto leggerle sui siti Internet di quegli stessi giornali o ascoltarle nelle trasmissioni notturne della televisione.

I giornali scritti non possono e non debbono ignorarle ma è del tutto inutile che le pubblichino con ampiezza; possono e debbono riassumerle in poche righe ma possono e debbono dar loro una gerarchia d'importanza che dipende dalla linea che quello specifico giornale ha della realtà e che suggerisce ai suoi lettori.

È evidente che la stessa notizia acquista un peso specifico diverso per un giornale nazionale rispetto ad un giornale locale e ancora di più per un giornale italiano o per un giornale di un'altra nazione e di un'altra lingua. Tutto dipende dal luogo dove il fatto è avvenuto ma non soltanto dal luogo bensì anche dalla natura del fatto in questione: cronaca nera, cronaca rosa, politica interna del paese dove il giornale viene pubblicato, politica estera, cultura, arte, spettacoli, sport, "gossip" e personaggi protagonisti del fatto.

Le agenzie di stampa e la Rete Internet i fatti che accadono li annunciano man mano che avvengono; i giornali scritti invece informano i lettori non sulla base del tempo in cui sono accaduti ma della loro importanza. Qui sta tutta la differenza che varia da giornale a giornale. "La Repubblica" ha una sua visione dell'importanza di un fatto diversa da quella del "Corriere della Sera" o della "Stampa" o del "Messaggero" e ancor più da "Le Monde" o del "Figaro" di Parigi, del "Times" di Londra e del "Guardian", del "New York Times" di New York o del "Washington Post" di Washington e così via.

> Si prevedono possibili obiezioni alla **tesi**.

> Uso di connettivi avversativi per confutare possibili **obiezioni** (Internet può fornire notizie prima della carta stampata, ma quest'ultima può presentare le notizie in base alla loro importanza e non alla precedenza temporale).

Ovviamente la differenza di palinsesto è ancora maggiore tra un giornale quotidiano, un settimanale, un mensile e tra ciascuno di essi e la tv e la rete Internet e i rispettivi siti di quest'ultima.

Il tema di fondo tra la parola scritta e quella "on line" tuttavia è un altro ancora e riguarda il pensiero. Questo è il problema: in che modo l'informazione on line differisce dall'informazione scritta? A me sembra evidente. Il pensiero è soprattutto cultura, racconto, meditazione, approfondimento dei fatti, analisi del carattere dei personaggi, strategia di lunga durata o tattica di immediata applicazione e differenza tra l'una e l'altra.

> Fondamentale l'articolazione in paragrafi e l'uso appropriato di connettivi che guidino il lettore nello svolgimento del ragionamento.

> Uso di uno stile accattivante e coinvolgente per il lettore.

Queste diverse manifestazioni del pensiero che interpreta i fatti e ne storicizza la portata ha bisogno di spazio, di uso di molteplici parole e quindi di scrittura. La differenza tra le parole comunicate per scritto e quelle comunicate on line può essere la stessa che passa tra una lettera e un telegramma, tra un romanzo e un racconto, tra l'immagine dipinta su un quadro o in un affresco e uno schizzo disegnato con pochi tratti di matita.

> Uso della tecnica dell'**analogia**: si costruiscono paragoni per far capire e convincere della propria tesi.

Finché la nostra specie esisterà, la lettera e il telegramma, il romanzo e il breve racconto, il quadro a olio e lo schizzo a matita avranno tutti ragione di vivere e d'esser diffusi. Io la penso così e spero di non sbagliarmi.

> Nella **conclusione** si ribadisce in modo sintetico e brillante il proprio pensiero.

(Eugenio Scalfari, da www.espresso.repubblica.it)

Ricordiamoci di

- documentarsi bene sull'argomento su cui andiamo a scrivere;
- chiarire la propria opinione e pensare alle possibili obiezioni;
- costruire una scaletta con una struttura determinata (vedi la scheda qui sotto);
- esprimere in modo chiaro e sintetico la propria tesi;
- utilizzare uno stile personale e accattivante, che desti interesse nel lettore;
- includere le opinioni diverse dalla nostra ed eventualmente confutarle;
- costruire una buona argomentazione, difficilmente confutabile (vedi la scheda a p. 84);
- Utilizzare in modo consapevole i connettivi (vedi allenamento n. 6) e l'articolazione in paragrafi.

COSTRUIRE UNA SCALETTA

1. **Presentazione del tema affrontato** (l'evento a cui si è partecipato, l'argomento di attualità che si intende discutere ecc.).
2. **Enunciazione della propria tesi**: si deve esporre, in modo sintetico e chiaro, privo di possibili fraintendimenti, la propria opinione sul tema affrontato.
3. **Presentazione di argomenti a sostegno della propria tesi**: utilizzando le tecniche argomentative più efficaci si portano "prove" che confermano la nostra opinione.
4. **Presentazione e confutazione di possibili obiezioni**: si riportano le possibili "opinioni contrarie" alla nostra, mostrando però che non possono essere valide.
5. **Conclusioni**: si tirano le somme del ragionamento, ribadendo la nostra tesi.

ESERCITIAMOCI

1. Individua argomenti a favore delle seguenti tesi:
   – è importante avere amici fidati;
   – è importante aver un buon rapporto con gli insegnanti;
   – lo sport fa bene a ogni età.

2. Completa i seguenti sillogismi. Individua quelli non validi e spiega perché:
   Premessa maggiore: Tutti i cittadini devono pagare le tasse.
   Premessa minore: ....
   Conclusione: ....
   Premessa maggiore: Tutti gli italiani amano il calcio.
   Premessa minore: ....
   Conclusione: ....
   Premessa maggiore: Tutti coloro che studiano Giurisprudenza faranno gli avvocati.
   Premessa minore: ....
   Conclusione: ....

3. Leggi il seguente articolo e individua:
   – la tesi sostenuta dall'autore;
   – le possibili obiezioni;
   – gli argomenti portati a sostegno della tesi.

Chiudiamo il liceo classico?

Il 14 novembre si è svolto a Torino un pubblico processo (presieduto da un magistrato come Armando Spataro) il cui accusato era il liceo classico. Il pubblico ministero, Andrea Ichino, con dovizia di testimonianze e statistiche, ha presentato queste accuse: uno, non è vero che il classico prepara meglio anche a studi e professioni scientifiche; due, chi intraprende studi esclusivamente umanistici rischia di avere una cognizione parziale e quindi distorta della realtà (ma Ichino ha lealmente ammesso che questo può accadere anche a chi intraprende studi esclusivamente scientifici e tecnici); tre, il liceo classico nasce da una riforma fascista, quella di Gentile. Alla fine la corte ha pienamente assolto il liceo classico, forse perché le accuse erano formulate in modo troppo perentorio. Per esempio, testimoni illustri hanno dimostrato che la riforma Gentile riprendeva precedenti riforme di carattere liberale ed era risultata invisa agli ambienti fascisti. Caso mai la riforma Gentile aveva il difetto di voler formare una classe dirigente orientata su studi eminentemente umanistici, senza dare il dovuto rilievo alle materie scientifiche.

Io ero l'avvocato difensore e nella mia arringa ho dato ragione a molte delle accuse, aggiungendo che il classico di Gentile dava poco spazio non solo alle scienze ma persino alla storia dell'arte, e alle lingue moderne. Quanto alle lingue dette morte, dopo otto anni di latino i maturandi dei miei tempi uscivano dal classico senza essere capaci, in genere, di leggere Orazio a prima vista. Perché non si cerca di insegnare a dialogare in un latino elementare come facevano i dotti europei sino a pochissimo tempo fa? Il maturando classico non deve necessariamente diventare latinista (a questo ci pensa l'università) ma deve essere in grado di capire che cosa è stata la civiltà romana, a identificare le etimologie, a capire le radici latine (e greche) di molti termini scientifici, e questo si può ottenere anche abituandolo a leggere il latino ecclesiastico e medievale, molto più facile e familiare. E addestrandolo a fare utili comparazioni tra il lessico e la sintassi del latino e quelli delle lingue moderne. E quanto al greco, perché impegnare lo studente su Omero, ostico anche per gli specializzati, e non incoraggiarlo a fare traduzioni sul greco ellenistico, per esempio sui libri naturali di Aristotele, lavorando su quella lingua che sapeva parlare anche Cicerone?

Si potrebbe pensare a un liceo umanistico-scientifico, dove non scompaiano le materie umanistiche. Ricordavo che Adriano Olivetti, pioniere nella costruzione dei primi computer, assumeva ovviamente ingegneri e i primi geni dell'informatica, ma anche brillanti laureati che magari avevano fatto una tesi da centodieci e lode su Senofonte. Aveva capito che gli ingegneri sono indispensabili per concepire lo "hardware", ma che per inventare nuovo "software" (ovvero i programmi) occorreva una mente educata sulle avventure della creatività, esercitatasi su letteratura e filosofia. E mi chiedevo se tanti dei giovani che inventano oggi nuove "app" (e riescono benissimo in professioni che prima non esistevano) non vengano proprio da una formazione umanistica.

Ma non penso solo all'informatica. Avere un'educazione classica significa anche saper fare i conti con la storia e con la memoria. La tecnologia sa vivere solo nel presente e dimentica sempre più la dimensione storica. Quello che ci racconta Tucidide sulla vicenda degli ateniesi e dei Meli serve ancora a capire molte vicende della politica contemporanea. Se Bush avesse letto dei buoni storici (e ce n'erano nelle università americane) avrebbe capito perché, nell'Ottocento, inglesi e russi non erano riusciti a controllare e dominare l'Afghanistan.

D'altra parte i grandi scienziati come Einstein avevano una solida cultura filosofica alle spalle, e Marx aveva esordito con una tesi su Democrito. Riformiamo, dunque, ma conserviamo il liceo classico perché consente di immaginare quello che non è stato ancora immaginato e questo distingue il grande architetto dal palazzinaro.

(Umberto Eco, da www.espresso.repubblica.it)

CONNETTIVI PER ARGOMENTARE

- Connettivi **causali** ed **esplicativi** per introdurre gli argomenti a sostegno della nostra tesi: *dal momento che, perché, dato che, infatti...*
- Connettivi **concessivi** per introdurre le obiezioni: *sebbene, anche se, se è vero che..., qualcuno potrebbe affermare che..., pur considerando il fatto che...*
- Connettivi **avversativi** per confutare le obiezioni: *però, tuttavia, invece, in realtà, ma...*
- Connettivi **conclusivi** per ribadire la tesi nella conclusione: *perciò, pertanto, concludendo, in sintesi, per concludere, ecco quindi che..., se ne deduce che...*

Scriviamo

- Per il nuovo numero del giornalino scolastico ti viene chiesto di preparare un articolo di opinione su una notizia di attualità a tua scelta.
- Il linguaggio della pubblicità sfrutta alcune tecniche argomentative: il suo scopo infatti è quello di convincere il pubblico della validità del soggetto pubblicizzato (sia esso un prodotto, un evento, un'attività ecc.). In gruppi di lavoro provate a ideare alcuni slogan o campagne pubblicitarie (complete di immagini) che invitino i lettori:
  – a scegliere il vostro istituto come scuola da frequentare;
  – a partecipare alla festa di fine anno;
  – ad assistere e contribuire a uno spettacolo di beneficenza.

2. SCRIVERE UNA RECENSIONE

Che cos'è

LA RECENSIONE:

- è una delle tipologie di articoli di giornale (per le quali vedi anche p. 86);
- è un testo che propone una presentazione, interpretazione, valutazione di un prodotto (libro, film, spettacolo, mostra ecc.);
- è un testo che si serve delle tecniche argomentative per presentare il proprio punto di vista.

Leggi la recensione del film *Whiplash* (Stati Uniti, 2014, regia di Damien Chazelle):

"Whiplash": maestro contro allievo, un duello sanguinoso tra i tamburi del jazz

Regia di Damien Chazelle. Con Miles Teller, J. K. Simmons, Melissa Benoist, Paul Reiser, Austin Stowell.

È probabile che questo film vi lasci con molte domande in sospeso. È giusto, se il fine giustifica i mezzi, martirizzare un giovane aspirante musicista? È giusto rischiare la propria incolumità psicofisica per inseguire un sogno di bravura? Domande a cui ovviamente non è il caso di rispondere in questa sede, ma di sicuro possiamo dire che l'atroce, sofferto, quasi demoniaco rapporto tra l'aspirante batterista Andrew Neiman (interpretato con ottima perizia tecnica da Miles Teller) e Fletcher, il sadico insegnante di conservatorio jazz (magistralmente interpretato da J. K. Simmons) lascerà un'inquieta traccia nei vostri pensieri dopo aver visto *Whiplash*, il film indipendente, candidato a sei Oscar, che miete successi a partire dalla presentazione al Sundance festival del 2014.
Benché si parli sostanzialmente di musica il film non indugia troppo nei piaceri del gioco sonoro. È scarno, essenziale, drammaticamente realistico. Tutto è sofferenza, scarnificazione psicologica, duello, sopraffazione, umiliazione, ribellione, ai confini kubrickiani di *Full metal jacket*, in cui la batteria del povero Andrew sembra metafora di molte altre cose. Allo stesso tempo questa batteria è protagonista, ossessiva, onnivora, divoratrice di talento e aspirazioni, una vera batteria suonata con sudore e sangue, e posta sempre in primissimo piano dal regista Damien Chazelle. E la batteria, com'è noto, è strumento di sofisticata complessità, ma

L'esordio è accattivante e vuole destare la curiosità nel lettore.

Si presenta rapidamente il film, fornendo alcune notizie sulla trama, senza dilungarsi né svelando particolari che potrebbero rovinare l'attesa in chi legge e non ha visto il film in questione.

Si fanno confronti e paragoni con altri film, sempre a misura dei destinatari a cui ci si rivolge.

Fondamentale l'uso di un'aggettivazione ricca, precisa e mai banale.

Si presenta la propria interpretazione e valutazione.

Uso di termini tecnici (sempre a misura dei destinatari).

Si offrono alcuni dettagli e particolari, che diano sostegno al proprio punto di vista.

anche il più primitivo che esista, quello che riporta ai ritmi basilari del corpo umano, a funzioni addirittura ancestrali che si perdono nelle origini remote del genere umano. E per questo il film vive sul doppio binario di una straziante urgenza fisica e di una guerra psicologica la cui posta in gioco è diventare il miglior batterista in circolazione, oppure soccombere.

A differenza della vasta serie di film sull'immaginario jazzistico e musicale in generale, spesso vittime di iconografie leggendarie e ingombranti, *Whiplash* scava nella normalità della musica qualunque, quella che aspira a diventare qualcosa e non è ancora niente, quella di chi studia musica, di chi fatica per emergere, per trovare ragioni e identità, per capire se la musica possa essere davvero la giustificazione di una vita ed è quindi crudo, spietato, a tratti squallido, scoraggiante, ma proprio per questo finisce per essere un fantastico omaggio al lavoro della musica, piuttosto che alla sua scintillante dimensione divistica. Peccato che il maestro, buono o cattivo lo decideranno gli spettatori, sia convinto che l'unico modo per allevare bravi musicisti sia non dirgli mai: "good job!", che è invece l'alimento necessario per ogni aspirante musico, e che sia ossessionato dall'idea di scovare un nuovo Charlie Parker. Il suo aneddoto preferito è quello in cui il batterista Jo Jones lancia un piatto addosso a un imberbe Parker che si era permesso di suonare in jam senza esserne ancor all'altezza. Parker sparì, si mise a studiare, tornò e lasciò tutti a bocca aperta. Ma c'è davvero un potenziale Charlie Parker in ogni malcapitato studente di conservatorio jazz? Tutto questo potrebbe portare indifferentemente alla più cupa delle tragedie, così come alla palingenesi finale. Per scoprirlo bisogna vedere il film. Se vi regge il cuore di arrivare fino alla fine scoprirete che dietro la musica suonata c'è tanta sofferenza, sacrificio, duro lavoro e forse, ma solo forse, un premio finale.

La conclusione deve suscitare interesse e curiosità in chi legge.

(Gino Cataldo, da www.repubblica.it)

Ricordiamoci di

- "testare" il prodotto: se si tratta di un film, di uno spettacolo, di una mostra occorre guardarli con attenzione, se si tratta di un libro dobbiamo leggerlo con cura; se si tratta di un prodotto non ci resta che provarlo;
- chiarire il nostro punto di vista e stabilire se la recensione sarà positiva o negativa;
- tenere in considerazione il destinatario del testo in modo da adeguare il registro;
- costruire la scaletta stabilendo i punti su cui è necessario soffermarsi;
- utilizzare frasi chiare, termini precisi e mai banali o abusati;
- utilizzare un linguaggio tecnico (tenendo sempre presente il destinatario: sarà diverso ad esempio scrivere una recensione di un film per una rivista specializzata rispetto a una destinata a un pubblico più vasto) ma scorrevole e brillante;
- essere onesti: scrivere la propria opinione senza esagerare in positivo o negativo.

APPUNTI PER LA SCALETTA DI UNA RECENSIONE

1. Descrivere brevemente il prodotto.
2. Focalizzare l'attenzione su alcuni particolari e dettagli che possono dar forza al proprio punto di vista.
3. Offrire alcuni esempi o campioni (foto, link, citazioni).
4. Costruire paragoni con prodotti dello stesso genere per orientare il lettore.
5. Concludere in modo personale e brillante, offrendo magari informazioni che il lettore non potrebbe reperire altrove.

ESERCITIAMOCI

1. Scegli un prodotto che ami particolarmente (può essere un cibo, un oggetto tecnologico, un cosmetico ecc.) e scrivine la recensione.
2. Sei stato a mangiare in un nuovo ristorante: scegli di scrivere una recensione sul loro sito Internet.

Scriviamo

- La vostra classe sta preparando il nuovo numero del giornalino scolastico. Suddivisi in gruppi di lavoro dovrete occuparvi di vari spazi, in particolare:
  – la rubrica *Il libro del mese*, con recensioni di libri da leggere;
  – la rubrica *Il film del weekend*, con recensioni sui film appena usciti;
  – la rubrica *Uscire la sera*, con recensioni di locali, ristoranti, pub.

3. SCRIVERE UN SAGGIO ARGOMENTATIVO

Che cos'è

IL SAGGIO ARGOMENTATIVO:

- è un testo che affronta in modo approfondito un problema, non necessariamente legato all'attualità, portando avanti un ragionamento. Ha dunque una maggiore ampiezza rispetto all'articolo di opinione;
- è un testo che, come l'articolo di opinione, prevede una struttura precisa: presentazione della propria tesi, argomenti a sostegno, confutazione delle possibili obiezioni, conclusioni;
- è un testo che, come l'articolo di opinione, si serve di tecniche argomentative per sostenere un proprio punto di vista.

Il testo dello studioso Luciano Canfora *Gli antichi ci riguardano* è un saggio argomentativo: in esso l'autore cerca di dimostrare perché gli antichi greci e romani ci riguardano e spiega come mai sia fondamentale lo studio della loro civiltà. Eccone uno stralcio:

[Gli antichi] ci riguardano perché i loro problemi insoluti e i loro conflitti sono anche i nostri

Assodato come indiscutibile l'elemento formativo e disciplinare (ricordiamo le parole citate poc'anzi), assodata l'indispensabilità culturale della conoscenza di quel mondo per capire i moderni, disfatta l'assiologia, la graduatoria dei valori, storicizzata l'antichità [...] resta però la domanda dalla quale siamo partiti: perché [gli antichi] ci riguardano? Finora abbiamo detto, ricorrendo a varie formulazioni, perché sono utili; il che è un nobilissimo tema; però il passo oltre è: perché ci riguardano? Non tutte le cose utili si fanno inevitabilmente, ed è ovvio che formativa è anche la matematica superiore. Tutti quegli argomenti sono reversibili. Il punto centrale è dunque: ci riguardano direttamente – ma è, s'intende, un'opinione soggettiva – perché i loro problemi, quelli che loro *non sono stati in grado di risolvere*, sono ancora i nostri. E vorrei elencarli sapendo che è un elenco parziale e insufficiente.

Introduzione e presentazione del problema.

Confutazione di possibile obiezione.

Enunciazione della tesi.

Ma prima sia consentita una considerazione. Alla domanda intorno all'«utilità» dello studio degli antichi, al quesito che ho prima proposto «perché ci riguardano?», io credo che possa dunque darsi una rinfrancante risposta positiva. Positiva, se solo si abbia la forza di guardare in profondità in quel grande esperimento storico (la civiltà greca ed ellenistico-romana nelle sue molte forme e contrastanti anime) che ci si para davanti e dentro cui molti (pur tecnicamente insegnanti) si aggirano come colui che nella foresta non vede la foresta. Quella civiltà è tutta politica. Si entra in quella civiltà non per gusto o diletto o esercizio, ma perché lì vediamo meglio ciò che, aggirandoci nel presente, non sempre capiamo: e cioè, tra l'altro, la integrale politicità di ogni espressione intellettuale. Ciò vale per la parola politica in tutta la sua seduttiva falsità, e vale nella poesia (anche la più apparentemente impolitica), nel teatro, nell'arte figurativa, nella scienza, nella filosofia, nella religione come nell'ateismo degli antichi. Quella politicità latente e onnipresente è una straordinaria sfida intellettuale, è il laboratorio privilegiato di ogni sapere critico. È l'esatto contrario dello stolto ritornello «nulla di nuovo sotto il sole».

Approfondimento della tesi enunciata.

Argomenti a favore della tesi.

E veniamo dunque alle questioni aperte, scrutate sino in fondo dal loro lucido pessimismo.

Innanzitutto la questione delle questioni, che è tale, direi, a partire da Socrate: la competenza come premessa per l'accesso alla politica è un requisito fondamentale e indispensabile? Le risposte sono divaricate: se uno dice sì, ci sono alcune conseguenze drammatiche (ne va di mezzo il suffragio universale); se uno dice no le conseguenze sono altre ma altrettanto inquietanti (si legittima l'incompetenza del clero politico). Il pensiero greco si dilania attorno a questo problema: la competenza è il requisito della politica o no? E ognuno vede agevolmente che dentro questo dilemma è racchiusa una delle più amare e sempre ritornanti e sempre attuali acquisizioni del pensiero politico: l'impossibilità di individuare la «migliore forma di governo». Nel piccolo ma fervido laboratorio della *polis* essi hanno messo alla prova ogni possibile soluzione. Hanno sdoppiato i modelli indicando di ciascuna forma quella "degenerata", hanno intuito il sommovimento concreto onde l'una trapassa nell'altra, hanno tentato l'ipotesi illusoria della forma "mista", hanno osservato anche di questa il fallimento (esempio macroscopico il risolversi della Repubblica romana, dopo un secolo di conflitti civili, nel governo del princeps), hanno vagheggiato e ogni volta demolito le audaci costruzioni dell'utopia. La loro ricerca è anche la nostra. È da loro che apprendiamo, non senza qualche disagio, che, se una conclusiva risoluzione dell'inesausto problema esistesse, si sarebbe alla fine affermata. Ed è grazie alla loro aporetica ricerca, sottoposta ogni volta al vaglio della prassi, che perveniamo alla non consolatoria ma realistica conclusione che il "buongoverno" non è che la costante e contrastata aspirazione ad esso.

Esposizione ordinata, coesa e coerente, tramite articolazione in paragrafi e uso di connettivi.

Argomenti a favore della tesi (*i problemi degli antichi sono ancora i nostri*).

L'autore ribadisce e rinforza la sua tesi.

Secondo. Il rapporto libertà-schiavitù, o meglio sarebbe dire libertà-dipendenza, perché schiavitù fa pensare a qualcosa di arcaico, dipendenza comprende tante altre cose. È tornata la dipendenza, in forme brucianti, nel nostro presente. Lo dirò con parole approssimative (ognuno di noi sa qualche cosa e cerca di capire l'intero e quindi spesso annaspa). Quello che è ogni giorno sotto i nostri occhi, e di cui non sempre ci rendiamo conto, è che le dipendenze

Argomenti a favore della tesi (*i problemi degli antichi sono ancora i nostri*).

Fonti, esempi, citazioni per dare sostegno alla tesi enunciata e confutare obiezioni.

Uso consapevole dei connettivi per guidare il lettore nel ragionamento.

di tipo para-schiavile (che presentano una vasta serie di sfumature dall'estremo Oriente alle periferie delle grandi città dei Paesi ricchi) fanno parte integrante ed essenziale del profitto. Anzi, sono ormai la gran parte di esso.
Oltre vent'anni fa, presi parte ad una conferenza [...] con l'ambasciata tedesco-federale di Roma. [...] [L'ambasciatore] disse all'incirca: il mondo più ricco e produttivo e più avanzato tecnologicamente non è soltanto quello statunitense, è il cuore dell'Europa: la Renania, il Benelux, il Nord Italia, alcune aree della Francia. Quel che si produce in queste aree è di altissimo livello tecnologico, ed esige operatori di altissima specializzazione. Tutto il resto va fatto nelle aree periferiche, per cerchi concentrici: la Polonia, la Slovenia e poi la Bulgaria e poi il Bangladesh e poi il sud-est asiatico, via via con salari sempre più bassi fino a quelli quasi inesistenti.
[...] L'idea dei cerchi concentrici è la riproposizione moderna della schiavitù [...].
Questo è esattamente ciò che accade nella realtà arcaica del mondo classico: in piccolo, nella polis; in grande, nella Repubblica imperiale romana; per secoli. I testi greci e latini [...] non parlano che di questo. Il diritto romano è anche sotto questo rispetto un monumento: ogni articolazione di quel monumento distingue se la norma riguarda un libero o se riguarda uno schiavo. L'esistenza di questo «altro» [...] che, secondo Aristotele, era diverso dagli umani per natura, segna l'intera esperienza antica, ancora una volta in modo dilaniato. Se Aristotele dice che si è schiavi o liberi per natura, Antifonte sofista e Alcidamante sofista dicono l'esatto contrario: che lo schiavo «respira col naso» come il libero, che il barbaro è come il greco perché biologicamente a lui identico. [...]

(da L. Canfora, *Gli antichi ci riguardano*, Il Mulino, Bologna 2014).

Citazioni e riferimento a fonti autorevoli.

Ricordiamoci di

- documentarci in modo approfondito sul tema da trattare;
- chiarire la nostra opinione e pensare alle possibili obiezioni;
- pianificare il lavoro costruendo una scaletta (vedi p. 75);
- revisionare con cura il testo;
- esprimere in modo chiaro la tesi;
- utilizzare uno stile formale e incisivo;
- presentare eventuali opinioni diverse dalla nostra e confutarle;
- costruire una buona argomentazione, utilizzando tecniche ed elementi appropriati (vedi la scheda a p. 84);
- utilizzare con proprietà i connettivi e l'articolazione in paragrafi.

COSTRUIRE UNA BUONA ARGOMENTAZIONE: COME?

- **Utilizzando validi argomenti** a favore della tesi:
  – ricerche, dati, statistiche **recenti** e provenienti da fonti **sicure**;
  – pareri e giudizi di **esperti** dell'argomento;
  – effetti **positivi** che risulterebbero dall'accettazione della tesi proposta;
  – riflessioni e citazioni ad effetto volte a suscitare **emozioni** e sentimenti (da usare però con parsimonia).
- **Utilizzando valide tecniche argomentative**:
  – l'**analogia**: si mettono a confronto due situazioni, mettendone in luce somiglianze di ordine generale;
  – la deduzione: ragionamento che, procedendo da una regola generale, la applica ai casi particolari. Un classico esempio è il sillogismo, utilizzato per secoli dalla filosofia, costituito da due premesse e una conclusione: *Tutti gli uomini sono mortali* (premessa maggiore). *Socrate è un uomo* (premessa minore). *Socrate è mortale* (conclusione).
  Se le premesse sono esatte e il ragionamento è corretto, la conclusione sarà valida.
  – l'**induzione**: ragionamento che rovescia il procedimento deduttivo: partendo da casi particolari, ne ricava una conclusione generale.

- **Facendo ricorso ad alcune figure retoriche**, che conferiscano allo stile potenza suggestiva e coinvolgente:
  – **domanda retorica**: una domanda posta a chi legge, non per avere una reale risposta ma per dare forza al proprio discorso. Es.: *Forse dovrei ricordare gli innumerevoli meriti di quest'uomo?*
  – **iperbole**: un'espressione esagerata (molto usata nel linguaggio pubblicitario): Es.: *Ci sono miliardi di motivi per fare questa scelta.*
  – **ripetizione**: una parola o un gruppo di parole ripetute per ribadire un concetto. Es.: *Questo mi sono sempre chiesta, questo è stato il mio dubbio costante, questo il mio rimpianto infinito.*
  – ***climax***: una serie di parole di significato simile, accostate secondo un'intensità crescente o decrescente. Es.: *Ti ho chiesto, pregato, supplicato di non partire.*

ESERCITIAMOCI

1. Rispondi alle domande seguenti, enunciando la tua tesi con adeguati argomenti a favore e confutando possibili obiezioni:
   - *Cane o gatto?*
   - *Studi umanistici o scientifici?*
   - *Bicicletta o motorino?*

2. Completa le frasi inserendo connettivi appropriati:
   a. Non mi era mai piaciuto volare, ... quella volta non esitai a salire su un aereo per raggiungerlo.

b. Il nuovo bar di via Giusti è sempre affollato: .... servono un ottimo caffè e pasticcini squisiti.
c. Sapevi di non esserti preparato abbastanza, ... non lamentarti se il compito non è andato bene.
d. Per il giorno della laurea di Gianluca tutto dovrà essere pronto: .... dovete prenotare un locale per organizzare la festa, ... penserete al cibo, ... contatterete una band per animare con della bella musica.
e. Non sarò presente allo spettacolo, ... non riesca a uscire prima dall'ufficio.
f. .... avrò fiato, continuerò a ripetere che dovevi almeno provarci.
g. .... molti preferiscano mete esotiche e originali, ritengo che non ci sia vacanza migliore di un periodo nella nostra tranquilla campagna.
h. Francesco è un ottimo portiere, ... un fuoriclasse.

Scriviamo

- **E-book vs. libro cartaceo**
  E-book o libro cartaceo? Divisi in coppie di lavoro documentatevi sull'argomento, poi elaborate due saggi: in uno difenderete il libro tradizionale, nell'altro invece sarete a favore dell'e-book.

IL SAGGIO: NON SOLO ARGOMENTATIVO

Il saggio non ha necessariamente carattere argomentativo. Può essere infatti anche un testo **espositivo**: in questo caso l'obiettivo è presentare e spiegare un tema o problema, fornendo, dopo un'adeguata documentazione, tutte le informazioni possibili su di esso, in modo da dare a chi legge una visione il più possibile esaustiva sull'argomento.
Il Saggio breve è una delle tipologie di testo richiesto nella prova d'italiano dell'Esame di Stato: al candidato vengono forniti un dossier di documenti su un determinato tema o problema. Dopo un'attenta lettura dei documenti (testi, immagini, grafici, tabelle ecc.), il candidato dovrà spiegare e discutere il tema o problema proposto, presentando eventualmente il proprio punto di vista: il suo saggio potrà pertanto avere carattere argomentativo o espositivo.

GIORNALISTI... SI DIVENTA!

1. COSTRUIRE UN'INTERVISTA

Che cos'è

L'INTERVISTA:
- è un testo composto dalle domande dell'intervistatore e dalle risposte dell'intervistato;
- è un testo che può avere uno scopo informativo (far conoscere un fatto, un problema, un'opinione) o di semplice intrattenimento (far conoscere un personaggio, un evento, una novità ecc.);
- è un testo che prevede fasi distinte: preparazione, conduzione (l'intervista vera e propria), rielaborazione e stesura.

Leggi la seguente intervista allo scrittore Fabio Genovesi, vincitore del Premio Strega Giovani nel 2015 e finalista al Premio Strega.

L'intervista è preceduta da una breve introduzione in cui si danno informazioni sulla persona intervistata e sui motivi dell'intervista, frutto della documentazione raccolta in un momento precedente.

Non se l'aspettava di entrare a far parte del gruppo dei cinque finalisti del Premio Strega lo scrittore toscano Fabio Genovesi con il suo ultimo romanzo Chi manda le onde *(Mondadori). Già oltremodo contento per la vittoria del Premio Strega Giovani, ora, a pochi giorni dal fatidico evento, si dichiara assolutamente soddisfatto.*

Si pongono domande chiare, brevi e mirate, partendo da quelle più semplici.

Come ha preso la vittoria del Premio Strega Giovani?
Non me l'aspettavo, ma mi ha fatto estremamente piacere perché i miei libri sono stati apprezzati dai ragazzi, pur non essendo pensati direttamente per loro. Amo stare con i diciottenni, probabilmente con la mente sono ancora a quel periodo. Quando parlo con loro mi sento "a casa". Confesso che segretamente ci speravo, ma non l'aspettavo davvero e la cosa mi ha riempito di gioia perché è un premio senza filtri, i ragazzi votano il libro che li ha emozionati di più. Non ho mai amato la distanza, anche in letteratura, e mi piace il contatto diretto con le persone che poi sono la fonte delle storie.

L'autore sceglie in questo caso la forma diretta, riportando domande e risposte. In alternativa si può usare la forma indiretta, rielaborando il testo in un racconto continuo.

Si chiede all'intervistato di approfondire alcuni particolari che vogliamo far emergere.

Il titolo del suo romanzo potrebbe essere anche una bella domanda, forse un po' enigmatica: alla fine *Chi manda le onde*?
Onestamente non lo so, io ho scritto questo romanzo in quattro anni e sono contento di non saperlo ancora. Secondo me, più che le risposte, sono importanti le domande. Le risposte, in fondo, sono un tentativo di avere ragione sugli altri e di dare conferma a quello che noi pensiamo e crediamo. Più che cercare la verità, cerchi

sempre di avere ragione sugli altri. La cosa veramente importante sono, invece, le domande. Viviamo in un mondo in cui, solo se alzi per un attimo la testa dallo schermo del cellulare, accadono delle cose meravigliose, sia nel senso positivo che negativo e davanti allo svolgersi degli eventi non puoi non farti un milione di domande. Da bambino ti fai tantissime domande e le fai agli adulti, i quali spesso non sanno rispondere perché le risposte non ce le hanno neanche loro. Da adulti dimentichiamo di farci delle domande. Io, invece, continuo imperterrito su questa strada. Alla domanda "Chi manda le onde?" non c'è una risposta in effetti, ma è importante continuare a porsi la domanda. Sempre.

Il romanzo incastra storie e protagonisti, con diverse generazioni a confronto: c'è qualcuna, secondo lei, che vive questo periodo storico rispetto agli altri?
Io sono un appassionato degli anziani. Se il Signore mi concederà di arrivare a quell'età, credo che sarà la mia età e sarò felice di essere anziano. Certo, apprezzo la fisicità della mia gioventù, ma stare a sentire gli anziani parlare e raccontare le loro storie per me è il massimo. Inseriscono divagazioni, nuovi particolari, raccontano senza fretta e con tante finestre aperte. Questo periodo storico, con la crisi economica che dilaga, è, però, fantastico per chi scrive perché offre innumerevoli spunti per raccontare questo periodo con le sue stranezze e le mille invenzioni di chi deve provare a sbarcare il lunario: in qualche modo è straordinario. Gli anziani hanno la pensione e forse godono di qualche privilegio che i giovani oggi considerano solo un miraggio. Gli anziani che sono economicamente più ricchi e i giovani, considerati i nuovi poveri, talvolta costretti a vivere alle loro spalle, mi affascinano molto. Il rapporto tra generazioni è oggi interessantissimo. Siamo tutti più vicini, a causa del disagio economico e non c'è più quella separazione netta di un tempo. I quarantenni di qualche decennio fa avevano già la vita prestabilita, un lavoro, una casa, e forse una casa al mare. Ma le età oggi sono molto "miste": alcuni giovani, anche per mancanza di soldi, fanno vite ritirate, non vanno in vacanza oppure rinunciano o tardano a mettere al mondo dei figli perché non hanno la stabilità economica che forse il modello precedente gli ispira come necessario e fondamentale. Altri anziani, invece, fanno i "giovani", si divertono, vanno in vacanza.

Indagando queste dinamiche tra generazioni anche per il suo romanzo, ha avuto l'impressione che ci siamo persi qualcosa per strada?
Il benessere economico certamente, ma, in fondo, secondo me, non è nemmeno un grande male. Non parlo di quando manca il necessario per vivere – e mi dispiace molto riscontrare soprattutto condizioni di lavoro risibili che minano la dignità di una persona

– ma spesso la nostra società si arrovella per la mancanza di elementi del tutto superflui. Per fortuna, l'uomo, anche nelle difficoltà, mantiene la sua creatività, la voglia di riscatto e la speranza.

L'intervistatore sposta la conversazione su un altro aspetto che l'intervista vuole mettere in luce.

Per scrivere *Chi manda le onde* sono stati necessari quattro anni. Come lavora di solito?
Lavoro molto la mattina. Mi sveglio presto e lavoro fino a dopo pranzo. Nel pomeriggio, se posso, faccio un giro al mare, anche d'inverno, e la sera torno a casa per un lavoro di pulitura, sistemazione e appunti per il giorno dopo. La vera scrittura avviene di mattina. Sono abbastanza metodico, anche se in periodi come questo, in cui sono sempre in giro per presentare il libro, non riesco a scrivere veramente. Allora, accumulo appunti.

L'intervistatore chiede di approfondire un aspetto. Di fronte a eventuali dubbi nelle risposte, può chiedere all'intervistato di ripetere o può riformulare la domanda.

Usa degli schemi?
No, assolutamente, non lo concepisco proprio. Né griglie, né basi. La vita fluisce da sé e deve essere così anche nel romanzo. Bisogna sapere al massimo le cinque o sei pagine successive e basta, lasciare che i personaggi ti guidino. Certo, ci ho messo quattro anni, ma è il mio metodo. La prima stesura avviene su carta, direttamente a penna. Il motivo è che ci vuole più tempo e ciò ti fa stancare prima, ti permette di renderti conto subito se stai esagerando. Il tuo pensiero va alla mano. Col computer c'è sempre la tentazione di copiare e incollare, o di andare su Facebook, o l'antivirus da aggiornare. Non è un vezzo o una menata da scrittore snob. Uso una normalissima Bic e blocchi anonimi che trovo in giro, non ho intenzione di sentirmi strano o bohemien. Pensa che il primo capitolo di *Chi manda le onde* l'ho scritto su un blocco di una macelleria del mio paese.

Secondo lei, che periodo sta vivendo la narrativa italiana?
In questi ultimi anni stanno uscendo dei romanzi davvero bellissimi. Molti passano sotto traccia perché si legge poco, ma verranno fuori fra un po', ne sono convinto. Quando ci sono meno soldi si scrivono cose più belle, come è accaduto nel secondo dopoguerra. Se penso solo agli scrittori toscani di questo periodo, da Nesi a Veronesi, da Gipi a Lenzi, non posso che trovare cose davvero belle. A stimolare il mio interesse è tutto ciò che si tiene lontano dall'autocompiacimento. Tante volte mi trovo a leggere un romanzo e a pensare che lo scrittore voglia dire "Guarda come sono bravo a scrivere", perché è bravo, si compiace della sua scrittura. Ma non c'è anima. Sono le storie e i personaggi che devono emozionare. Se mi dicono "Luna mi è piaciuta un sacco o Zot mi fa impazzire" è ok, non mi va quando mi dicono "Quanto sei bravo". In questo, capisco anche la Ferrante che non intende apparire per rimettere al centro dell'interesse le storie. È fondamentale che si parli delle storie.

L'intervista ritorna sull'argomento iniziale, più semplice e pragmatico, per una chiusura brillante.

Come si sta preparando alla serata finale del Premio Strega 2015?

Non ho un vestito buono da indossare. Già quando sono andato in Parlamento, mi sono dovuto far prestare la giacca. Io e Zerocalcare eravamo in grande crisi, sotto questo aspetto! Considero il Premio Strega come un viaggio, in cui contano di più le cose che succedono durante il percorso. Anche in questo caso sarà così. Vada come vada, sono già contento così. Vincere il Premio Strega Giovani è stata per me una grandissima soddisfazione. Non ho mai partecipato a nessun premio, non scrivo per i premi, ma per chi legge e vivo questa serata con questo sentimento molto semplice e tranquillo, per passare una bella serata con amici. La vita è così generosa che ti dà quello di cui hai bisogno al momento giusto.

(da www.sulromanzo.it, 24/6/2015)

Ricordiamoci di

- **Preparare l'intervista**:
  – documentarsi sulla persona da intervistare e sugli argomenti che si vogliono affrontare;
  – preparare delle domande sintetiche, chiare e mirate allo scopo.

- **Condurre correttamente l'intervista**:
  – presentarsi, ringraziare l'intervistato e dichiarare lo scopo dell'intervista;
  – fare una domanda per volta, partendo dalle più semplici;
  – prendere appunti e registrare il colloquio (dopo aver chiesto il consenso dell'intervistato);
  – ascoltare con attenzione le risposte e chiedere eventualmente precisazioni per evitare fraintendimenti. Se necessario riformulare le domande;
  – evitare che l'intervistato si dilunghi o passi ad altri argomenti rispetto a quelli prefissati;
  – osservare l'ambiente e l'atteggiamento dell'intervistato.

- **Elaborare e stendere l'intervista**:
  – scrivere l'articolo mantenendo separate le domande dalle risposte (forma diretta) oppure eseguire un montaggio, eliminando le domande e rielaborando le risposte dell'intervistato in un racconto continuo (forma indiretta). Esempio:

– forma diretta: Jovanotti è per definizione un personaggio positivo, sempre pieno di energia: in trent'anni di carriera non abbiamo mai visto il Jovanotti preso male. Immaginiamo ti accada, però.
"Scompaio, come i gatti e come i cani. Non mi piace mostrarmi nei momenti down, scompaio dagli amici, mi chiudo un po'. L'ho sempre fatto, fin da bambino. Io sono un esperto dell'arte della fuga. [...]"

(da www.rockit.it)

– forma indiretta: In trent'anni di carriera non c'è stato un momento in cui lo abbiamo visto triste, angosciato o giù di morale: Jovanotti è per definizione un personaggio positivo. Quando però gli chiediamo che cosa faccia nei momenti "down" che, inevitabilmente, accadono anche a lui, ci risponde di essere "un esperto nell'arte della fuga". Come i gatti e i cani, ci dice, preferisce scomparire e allontanarsi dalla socialità, per chiudersi in se stesso.

– introdurre eventualmente alcuni dettagli dell'intervista in "pause descrittive" (luogo dell'intervista, atteggiamento e caratteristiche fisiche e piscologiche dell'intervistato);
– introdurre eventualmente riflessioni e considerazioni personali.

ESERCITIAMOCI

1. Modifica la struttura della seguente intervista eseguendo un montaggio.

Josefa Idem: "Ma doparsi è avvilente come sfidare chi si dopa"
Negli anni delle sue lotte con la pagaia stretta nei pugni, Josefa Idem ha conosciuto da vicino certe storie, certe facce, certe voci.
Lei, Idem, nata nella Germania Ovest, aveva come vicino di casa, oltre la Cortina di ferro, il più complesso sistema doping della storia.
"Le racconto un episodio. Una volta ero in ascensore, erano gli anni del doping trionfante nei paesi d'influenza sovietica. Accanto a me alcune donne, colleghe. A un certo punto ascolto, lì, una voce d'uomo, profonda, roca. Penso: ma com'è possibile?".
Anche allora, come adesso in Russia, connivenze tra Stato e istituzioni sportive rendevano inutile, impossibile la lotta al doping.
"Era un sistema criminale che giocava con la pelle degli atleti. In nome di cosa poi? Del profitto, forse. Era un sistema altamente specializzato in cui tutto era finalizzato al risultato".
Trent'anni sembrano non essere trascorsi, o sembrano trascorsi inutilmente.
"La lotta tra controllori e controllati deve essere alla pari. Basta inserire un granello di sabbia nell'ingranaggio ed è la fine. Gareggiare contro dopati è un'esperienza avvilente, ma credo sia avvilente anche gareggiare da dopati, vincere da dopati, mettere la medaglia al collo sapendo di mentire".
Si può affermare che in alcuni paesi i freni inibitori del doping siano più allentati che in altri?
"In certe culture sportive, in concomitanza soprattutto di grandi eventi, l'etica viene travolta dalla necessità. Dobbiamo essere orgogliosi di appartenere a una realtà di ben altro spessore, in cui una colpa è una colpa e l'inganno viene sempre a galla. È l'unico modo che ha lo sport non solo di sopravvivere, ma anche di autorappresentarsi ancora come un'idea positiva".

(da www.repubblica.it, 10 novembre 2015)

2. Un giornalista sta facendo un'indagine sul lavoro dei giovani ricercatori universitari e deve intervistare una ragazza che lavora come biologa. Ha preparato questa lista di domande: indica quali non sono adeguate alla situazione e allo scopo dell'intervista.
- Perché hai scelto di intraprendere la strada della ricerca universitaria?
- Di che cosa ti occupi nel tuo lavoro?
- Come ami trascorrere il tempo libero?
- Qual è stato il tuo voto di laurea?
- Che tipo di contratto di lavoro è il tuo?
- Cosa vedi nel tuo futuro?
- Hai un ragazzo?
- Perché hai scelto di studiare biologia?
- I tuoi colleghi sono simpatici?

3. Scegli un fatto di cronaca recente e immagina di dover intervistare un testimone: prepara le domande che faresti per far emergere i dettagli dell'accaduto.

4. Un giornale sta organizzando un concorso che permetterà a un lettore di intervistare il tuo cantante preferito che sta preparando un nuovo disco: per partecipare devi inviare le domande che vorresti fare.

Scriviamo

Ecco l'inizio dell'*intervista impossibile* al filosofo Pitagora ideata da Umberto Eco per un programma radiofonico RAI, andato in onda negli anni 1973-75, poi pubblicata in volume:

Il silenzio di un meriggio meridionale. Lontano, la risacca del mare. Cani che abbaiano. A tratti, uno zufolo di canna. Pitagora ha l'accento pigro e pacato di un intellettuale del Sud che stia bevendo acqua e anice.

Eco: Buongiorno Maestro.
Pitagora: Salute e armonia a te.
Eco: Pitagora... Mi dà una certa emozione pronunciare questo nome, che fu sacro a molti, poiché Lei, Maestro, fu tenuto dai suoi discepoli in conto di divinità...
Pitagora: Non a torto.
Eco: Vedo. Ragione di più... Dicevo: una certa emozione. Ma mi chiedo se per molti altri che ci ascoltano il suo nome non evochi soltanto memorie ingrate: la tavola pitagorica, il teorema di Pitagora...
Pitagora: Perché ingrate? Si tratta di due piccole applicazioni, e mi turba quanto tu dici, che per molti la mia fama si sia identificata con questi artifici secondari. Ma anche in essi risplende l'armonia sublime del numero. Pensa alla tavola: una matrice elementare da cui puoi generare tutti gli sposalizi possibili tra numero e numero, dati una volta per tutte, senza tema di errore, perché la regola di questo quadrato magico è la stessa che regola l'armonia dell'universo, dal cerchio più ampio delle sfere celesti agli abissi dell'infinitamente piccolo.
Eco: La capisco, Maestro. Il suo pensiero è stato così semplice e limpido, che ancora oggi molti lo confondono con quattro banali regole di calcolo ad uso dei geometri o dei contabili.
Pitagora: Noto una sfumatura di disprezzo nel modo in cui dici "geometri" e "contabili". Vi è forse occupazione più nobile di quella di coloro che misurano le mirabili simmetrie degli spazi o che moltiplicano, sottraggono, dividono e assommano i numeri?
Eco: No certo. Ma è che ai giorni nostri... Ma è difficile da spiegare, non so se Lei può cogliere... Mi chiedo anzi come non sia stupito di trovarsi qui, di fronte a me, a tanta distanza di tempo dai giorni in cui visse, in un mondo così incommensurabilmente diverso.
Pitagora: Ti prego, uomo ingenuo! Tu stai parlando con Pitagora. Tu sai che la mia anima ha trasmigrato in molti corpi; tu sai che un tempo fui l'eroe Euforbo e che vedendo, secoli dopo, il mio scudo nel tempio di Apollo, lo riconobbi, e piansi. Il corpo, vedi, è come una tomba che trattiene il nostro spirito e lo sottopone a numerose schiavitù; ma in esse vi è il principio della purificazione purché tu sappia piegare questo corpo al silenzio, all'astinenza, alla pratica del sacrificio, così che la mente possa librarsi nelle delizie della contemplazione. E dopo che di corpo in corpo avrai terminato il tuo cammino di redenzione, potrai contemplare, come ora a me accade, l'armonia del cosmo, e l'ammirevole concatenarsi dei tempi, così che il tuo presente non mi è cagione di gran stupore, come non ne fu il passato, entrambi derivando dalla calibrata e molteplice danza dei cicli cosmici. Ai tempi miei ho visitato l'Egitto, dove

vi appresi i misteri coltivati da quei sacerdoti, e la Persia, e le Gallie, e Creta. Come vuoi che mi stupisca e riesca nuovo il tuo mondo?

Eco: E dopo questi viaggi, all'età di quarant'anni, Lei emigrò sulle coste italiche, a Crotone. Eravamo nel sesto secolo avanti Cristo. E qui Lei fondò la sua scuola. Adorato dai suoi discepoli (dicevano persino che Lei, divino, avesse un femore d'oro), accettavano una disciplina rigidissima, e solo gli eletti erano ammessi alla conoscenza dei misteri superiori della sua dottrina. Una comunità di tipo monastico, diremmo oggi, che ha prodotto pensatori che han diffuso le sue teorie in tutto il mondo antico. Cosa insegnava, Maestro, ai più fidi tra i fidi, laggiù a Crotone?

Pitagora: Il numero, sostanza di tutte le cose.

(da *Le interviste impossibili*, Milano, Bompiani 1975)

- Scegli adesso un personaggio storico che ti sarebbe piaciuto incontrare e immagina la sua "intervista impossibile".

2. SCRIVERE UN ARTICOLO DI CRONACA

Che cos'è

L'ARTICOLO DI CRONACA:

- è un testo che racconta un fatto realmente accaduto, di vario tipo (cronaca nera, rosa, politica, sportiva ecc.);
- è un testo che segue la regola delle 5 W e 1H: deve riportare il chi (*who*), il che cosa (*what*), il dove (*where*), il quando (*when*), il perché (*why*) e il come (*how*) del fatto che intende raccontare;
- è un testo che, come altre tipologie di articoli di giornale, utilizza le peculiarità del linguaggio giornalistico.

GLI ARTICOLI DI GIORNALE

Gli articoli di giornale si distinguono sulla base del loro contenuto, finalità comunicativa e registro utilizzato. Possiamo infatti distinguere:

	CONTENUTO E SCOPO COMUNICATIVO	REGISTRO
Articolo di cronaca	Racconta fatti accaduti (testo narrativo)	Tendenzialmente informale
Articolo di opinione (articolo di fondo, editoriale)	Commenta una notizia o una tematica di attualità e fornisce un'opinione e punto di vista (testo argomentativo, vedi p. 73)	Registro formale alto
Recensione	Presenta e dà una valutazione di un prodotto o evento (libro, film, spettacolo, mostra ecc.) (testo argomentativo, vedi p. 78)	Registro formale medio

Ecco un esempio di articolo di cronaca:

L'**occhiello** precede il titolo e richiama l'attenzione su un dettaglio della notizia. È in genere scritto in caratteri più piccoli. Spesso si utilizzano frasi nominali, prive cioè di verbi di modo finito.

Nelle regioni di Murcia e Alicante forse serbatoi ausiliari o pezzi di razzo

Piovono detriti dallo spazio: 3 in una settimana in Spagna, uno in Sri Lanka

Il titolo deve essere originale e incisivo per catturare l'attenzione del lettore; inoltre, deve sintetizzare il contenuto dell'articolo.

Un altro pezzo di «spazzatura spaziale» rientrato venerdì sopra l'oceano Indiano forse era la parte superiore del modulo di atterraggio lunare (Lem) di Apollo 10

Il **catenaccio** riprende i punti fondamentali dell'articolo o mette in evidenza qualche aspetto significativo.

di Paolo Virtuani

Uno è un caso, due una coincidenza, tre una prova. In una set-

L'attacco dell'articolo deve essere accattivante in quanto deve coinvolgere da subito nella lettura. Spesso si utilizzano frasi a effetto, citazioni, domande.

Espressioni metaforiche sono spesso presenti nel linguaggio giornalistico.

When

Nella parte iniziale dell'articolo si forniscono le informazioni principali della notizia (di cui si forniranno in seguito dettagli), in modo che il lettore possa avere un'informazione sufficiente anche senza leggere tutto l'articolo.

timana in Spagna sono «piovuti» dal cielo tre detriti spaziali. Si tratta di pezzi di satelliti e un serbatoio di razzo precipitati nelle regioni sud-orientali. La prima era una sorta di palla rinvenuta da due pastori il 4 novembre in un campo a Mula, nella regione di Murcia. Subito sono state inviate squadre specializzate nella lotta chimica, radioattiva e batteriologica, senza però che fossero riscontrate anomalie pericolose per la popolazione. Nei giorni successivi, però, un detrito simile è stato trovato a Calasparra, a una trentina di chilometri di distanza da Mula.

What

Why

Where

Calasparra

Nella mattina del 4 novembre alcuni testimoni hanno notato alcune «palle di fuoco» cadere dal cielo, ha dichiarato Maria José Gomariz, portavoce del municipio di Calasparra. I resti sono stati portati a Cartagena, in un centro specializzato di analisi chimiche. «Potrebbero essere serbatoi ausiliari di qualche razzo», ha detto una fonte della Guardia Civil di Murcia.

Who

Si utilizzano in prevalenza il tempo presente e passato prossimo.

Si indica in modo chiaro e preciso la fonte delle informazioni riportate.

Oggetto allungato

Un terzo oggetto metallico di forma allungata è stato rinvenuto successivamente da un agricoltore a Elda, poco più a nord nella regione di Valencia. «Potrebbe essere un frammento di satellite», ha affermato un portavoce della polizia di Alicante all'agenzia Afp. Secondo le più recenti stime della Nasa, sarebbero 500 mila i detriti spaziali in orbita intorno alla Terra.

Citazione parafrasata: si sintetizzano le informazioni fornite dalla fonte, che viene solo accennata (la Nasa).

L'articolazione in paragrafi completi di sottotitoli permette al lettore di orientarsi meglio nella lettura.

Sri Lanka

Di un oggetto spaziale denominato WT1190F del diametro di qualche metro era stata prevista la caduta alle 7,18 (ora italiana) del 13 novembre nell'oceano Indiano a circa un centinaio di chilometri dalle coste di Sri Lanka dove era stato imposto un divieto di sorvolo. L'oggetto è probabilmente bruciato nelle fasi di rientro. Una scia luminosa è stata notata sopra la località di Tangalle in Sri Lanka da un gruppo di scienziati che avevano per l'occasione noleggiato un aereo. Gli osservatori hanno affermato che nessun detrito è caduto in mare. Secondo alcuni si sarebbe trattato della parte superiore del Lem, il modulo di atterraggio lunare (denominato Snoopy) di Apollo 10 abbandonato nella fase di rientro a Terra, ma non ci sono conferme in merito.

(da www.corriere.it, 13 novembre 2015)

Ricordiamoci di

- reperire il maggior numero di informazioni sui fatti di cui andiamo a parlare;
- verificare l'attendibilità delle fonti;
- pianificare il lavoro costruendo una scaletta che racconti il fatto con le 5W e 1H del giornalismo anglosassone;
- fornire dati e informazioni esatti e accurati;
- curare la scelta del titolo e attacco del testo;
- fare una netta distinzione tra i fatti e le opinioni riportate;
- stendere il testo adottando uno stile personale e utilizzando le caratteristiche del linguaggio giornalistico (vedi scheda alla pagina seguente);
- utilizzare prevalentemente il tempo presente e passato prossimo;
- fare citazioni in modo corretto (vedi scheda alla pagina seguente);
- revisionare con cura il testo.

IL LINGUAGGIO GIORNALISTICO

Il linguaggio utilizzato negli articoli di giornale si distingue per alcune particolarità che lo rendono brillante, incisivo e accattivante. Ecco alcuni esempi:

- Periodi brevi, coordinati per asindeto, uso della punteggiatura per dare ritmo alla frase.
  Es.: *Riapre via Dante: il sindaco si dice soddisfatto dei lavori.*
  Nel pomeriggio l'annuncio di Risi: «Mi dimetto. Anzi no».
- Frasi nominali (costituite da nomi, aggettivi, eventualmente verbi di modi indefiniti) e spesso segmentate.
  Es.: *Blitz al Central Pub: 5 arresti.*
  Ebbene sì, da ottobre bollette più salate per gli italiani.
- Frasi a effetto, giochi di parole, espressioni metaforiche e ricorso a figure retoriche (iperbole, climax ecc.).
  Es.: *Un'ondata di gelo sta per investire il paese.*
  Arriva Vasco: il pubblico esplode di gioia.
  Ancora caos rifiuti: la raccolta porta a porta non convince.

ATTENZIONE !

Citare correttamente

Nell'articolo di giornale, così come in molti altri tipi di testo, sono frequenti le citazioni: si riportano dati e informazioni tratti da altre opere (libri, articoli ecc.) oppure parole di altre persone, a sostegno di un'affermazione o come esempio. Le citazioni possono essere di due tipi:

- **letterali**: si riportano testualmente le parole inserendole tra virgolette («»), insieme all'indicazione completa della fonte (tra parentesi o in nota – vedi anche la scheda *Compilare una bibliografia e una sitografia*, a p. 58)
- **parafrasate**: si riporta una sintesi di parole o concetti espressi da altri. In quel caso non servono le virgolette e l'indicazione della fonte può essere anche solo accennata.

ESERCITIAMOCI

1. Ti forniamo di seguito una serie di notizie: crea titoli efficaci per articoli a esse dedicati, utilizzando anche lo stile nominale.

a. Julian Hernandez era sparito in Alabama nel 2002, quando aveva 5 anni: dopo 13 anni è stato ritrovato sano e salvo in Ohio. Il padre, al quale era stata tolta la custodia legale del piccolo, è stato arrestato con l'accusa di averlo rapito.

b. L'Agenzia internazionale per la ricerca sul cancro (IARC) di Lione, massima autorità in materia di studio degli agenti cancerogeni che fa parte dell'Organizzazione mondiale della Sanità (OMS), ha inserito le carni rosse e lavorate fra le sostanze che possono causare il cancro negli uomini.

c. Grazie a Chan, pastore tedesco dal fiuto infallibile, la polizia di Brindisi ha scovato 40 kg di cocaina nel bagagliaio di un auto e 14 persone sono state arrestate.

2. Leggi l'articolo seguente e individua:
- le parti che compongono il titolo;
- le caratteristiche dell'attacco;
- le 5W e 1H;
- le peculiarità del linguaggio giornalistico.

Presto "guardie" di Publiambiente sanzioneranno i colpevoli di reati ambientali

Scoperta una discarica abusiva di elettrodomestici: tre denunciati

Su segnalazione di un cittadino una zona a ridosso del centro, invasa da rifiuti elettrici ed elettronici, è stata messa sotto sequestro e sarà presto bonificata

Pistoia, 7 novembre 2015 – Riciclare? No grazie! hanno forse risposto alcuni cittadini abbandonando in strada lavatrici, televisori e frigoriferi. Una discarica abusiva di materiali elettrici ed elettronici – per la maggior parte elettrodomestici – è stata sequestrata dalla polizia municipale di Pistoia a ridosso del centro, nel quartiere della Vergine. L'operazione – si legge in una nota del Comune – ha visto anche il supporto di personale di Arpat e guardia di finanza per i rispettivi adempimenti di competenza. L'intervento ha permesso di denunciare tre persone a piede libero per reato ambientale. L'area interessata dalla discarica è stata posta sotto sequestro, delimitata dal nastro rosso e bianco e segnalata da cartelli. Una volta dissequestrata, la zona verrà bonificata. La polizia municipale è intervenuta su segnalazione di un cittadino. «Per potenziare e rendere ancora più incisiva l'attività della pubblica amministrazione su questo fronte – si legge ancora nella nota del Comune di Pistoia –, all'inizio del 2016 verrà attivato un percorso di formazione per permettere al personale di Publiambiente (almeno una decina di persone) di sanzionare coloro che compiono reati ambientali. Questo doterà il territorio di guardie ambientali, dedicate al monitoraggio e alla repressione dei comportamenti lesivi del decoro e della pulizia delle aree cittadine».

(rielaborato da www.lanazione.it)

3. Scrivi un articolo di cronaca su un fatto avvenuto nella tua città: prepara con cura occhiello, titolo e sommario, costruisci un attacco brillante e fornisci le informazioni relative alle 5W e 1H.

Scriviamo

Vi cimenterete ora in un'esperienza di *Role-Playing*: la classe si trasformerà in una redazione e dovrete impaginare il nuovo numero del giornalino scolastico.
Suddivisi in gruppi di lavoro dovrete preparare una serie di testi, sui quali avete lavorato nei vari capitoli di questo volume:
- articoli di cronaca (nera, rosa, sportiva ecc.);
- articolo di opinione (su un argomento di attualità e su un avvenimento scolastico);
- un paio di interviste (al personale scolastico e a un esperto di un tema di vostro interesse);
- rubrica: *Si alza il sipario* (recensione di spettacoli);
- rubrica: *Che cosa passa il convento* (ricetta);
- Lettera al direttore.

PARTE III

LABORATORI DI SCRITTURA CREATIVA

INVENTARE STORIE

1. L'ARTE DI "CUCIRE" LE STORIE

TECNICA: CREARE UNA CORNICE NARRATIVA

La cornice narrativa è una sorta di "contenitore" che consente di raccogliere e ordinare in un contesto narrativo unitario una raccolta di storie (fiabe, racconti, novelle ecc.) variegate. In genere la cornice narrativa presuppone:

- la presenza di un luogo e di un motivo per cui si narrano le storie (come una raccolta di storie raccontate intorno al fuoco prima della buonanotte);
- una pluralità di voci narranti: diversi narratori, che condividono un'esperienza, raccontano ognuno una storia.

La cornice ha origini piuttosto antiche ed è stata utilizzata in raccolte di novelle e racconti per moltiplicare i piani narrativi, introducendo una "storia nella storia" e altrettanti personaggi-narratori.

Uno degli esempi più antichi è la cornice narrativa delle *Mille e una notte*, una raccolta di novelle orientali, risalente al X secolo, in cui la giovane e intelligente Shahrazad, per non essere uccisa dal re persiano Shahriyar, gli racconta ogni notte una storia, rimandando il finale al giorno successivo.

Il Sultano si pose a letto con Scheherazade sopra uno strato molto alto, all'usanza dei monarchi orientali, e Dinarzade[1] sopra un letto che erasele preparato a piè dello strato.
Un'ora prima del giorno, essendosi Dinarzade svegliata, non avea trascurato di adempiere a quanto aveale raccomandato sua sorella.
– Sorella mia cara – esclamò essa – vi prego, prima che apparisca il giorno di narrarmi una delle novelle che sapete. Shahrazad invece di rispondere a sua sorella, si voltò al Sultano, a cui disse:
– Sire. Vostra Maestà vuole concedermi che io dia questa soddisfazione a mia sorella?
– Ben volentieri – rispose il Sultano.
Allora Shahrazad disse a sua sorella di prestarle attenzione: e rivoltasi quindi a Schahriar diè principio alla narrazione della prima novella, la quale, non essendo terminata collo spuntar del sole, fu però capace d'interessar tanto la curiosità del Sultano, che le permise lasciarla dire il giorno appresso, e così interrottamente di novella in novella poté la Favorita[2], col suo stratagemma, invogliare quel Sire ad ascoltarla per mille e una notte.

In questo modo si introduce la cornice di tutte le storie: sarà la giovane Shahrazad a narrarle, per aver salva la vita.

1 **Dinarzade**: la sorella di Shahrazad.
2 **la Favorita**: Shahrazad.

Un altro illustre esempio è la cornice narrativa del *Decameron* di Giovanni Boccaccio (XIV secolo): dieci giovani decidono di ritirarsi nella campagna fiorentina per fuggire dalla peste che imperversa in città e si ingegnano a passare il tempo raccontandosi novelle, trasformandosi così in altrettanti narratori.

Non era di molto spazio sonata nona, che la reina[1], levatasi, tutte l'altre fece levare, e similmente i giovani, affermando esser nocivo il troppo dormire di giorno; e così se n'andarono in uno pratello, nel quale l'erba era verde e grande né vi poteva d'alcuna parte il sole; e quivi sentendo un soave venticello venire, sì come volle la lor reina, tutti sopra la verde erba si puosero in cerchio a sedere, a' quali ella disse così: «Come voi vedete, il sole è alto e il caldo è grande, né altro s'ode che le cicale su per gli ulivi; per che l'andare al presente in alcun luogo sarebbe senza dubbio sciocchezza. Qui è bello e fresco stare, [...] novellando (il che può porgere, dicendo uno, a tutta la compagnia che ascolta diletto) questa calda parte del giorno trapasseremo. Voi non avrete compiuta ciascuno di dire una sua novelletta, che il sole fia declinato e il caldo mancato, e potremo dove più a grado vi fia andare prendendo diletto; e per ciò, quando questo che io dico vi piaccia (ché disposta sono in ciò di seguire il piacer vostro), faccianlo; e dove non vi piacesse, ciascuno infino all'ora del vespro quello faccia che più gli piace. Le donne parimente e gli uomini tutti lodarono il novellare. «Adunque, disse la reina, se questo vi piace, per questa prima giornata voglio che libero sia a ciascuno di quella materia ragionare che più gli sarà a grado». E rivolta a Panfilo, il quale alla sua destra sedea, piacevolmente gli disse che con una delle sue novelle all'altre desse principio. Laonde[2] Panfilo, udito il comandamento, prestamente, essendo da tutti ascoltato, cominciò così.

La cornice delle novelle è così delineata: saranno i dieci giovani a raccontare, a turno, una storia.

Si stabiliscono delle regole per la narrazione: le novelle dovranno essere attinenti ad argomenti stabiliti, salvo i giorni in cui, come in questa prima giornata, il tema sarà libero e ognuno racconterà una storia a piacere.

1 **reina**: una delle giovani ragazze.
2 **Laonde**: cosicché.

Qualcosa di simile accade nell'opera di Geoffrey Chaucer, *I racconti di Canterbury* (XIV secolo), in cui un gruppo di pellegrini, in cammino verso il santuario di Thomas Becket a Canterbury, accolgono la proposta dell'oste presso il quale si sono ristorati e ingannano il tempo del viaggio raccontandosi storie.

«Signori miei – egli fece – ascoltatemi quanto sapete meglio, ma, vi prego, non prendetela alla leggera. Per dirla in breve e a pieno, il punto è questo, che per abbreviare il vostro cammino, ciascuno di voi in andar verso Canterbury narri due novelle, così intendo, e al ritorno ne narri altre due di avventure già da tempo occorse. E qual di voi fra tutti meglio soddisfaccia, quanto a dire, narri in questo caso racconti di miglior sentenza e di miglior sollazzo, s'avrà una cena a comune nostra spesa, qui in questo luogo, sedendo presso questa trave, quando saremo di ritorno da Canterbury e, per tenervi più allegri, sarò lieto con voi di cavalcare, tutte facendomi le spese ed essendovi guida [...]».

Nella cornice si dichiara lo scopo per cui i narratori racconteranno le storie.

ATTIVITÀ

Nella raccolta di racconti Il bar sotto il mare, *pubblicata nel 1987, l'autore Stefano Benni ha creato una cornice narrativa per i suoi ventiquattro racconti: il narratore decide di seguire un vecchio elegante che, dopo un tuffo, scompare in mare. Si ritrova così in un "bar sotto il mare", dove incontrerà bizzarri personaggi (il barista, l'uomo con la cicatrice, il cuoco, il nano, il vecchio con la gardenia, il cane nero, la pulce del cane nero ecc.) che narreranno a turno una storia. Ecco il prologo:*

Non so se mi crederete. Passiamo metà della vita a deridere ciò in cui altri credono, e l'altra metà a credere in ciò che altri deridono.

Camminavo una notte in riva al mare di Brigantes, dove le case sembravano navi affondate, immerse nella nebbia e nei vapori marini, e il vento dà ai rami degli oleandri lente movenze di alga.

Non so dire se cercassi qualcosa, o se fossi inseguito: ricordo che erano tempi difficili ma io ero, per qualche strana ragione, felice.

Improvvisamente dal sipario del buio uscì un vecchio elegante, vestito di nero, con una gardenia all'occhiello, e passandomi vicino si inchinò leggermente. Mi misi a seguirlo incuriosito. Andavo di buon passo ma faticavo a stargli dietro, perché sembrava che procedesse volando a un palmo da terra, e i suoi piedi non facevano rumore sul legno umido del molo.

Il vecchio si fermò un attimo, tracciando in aria gesti con cui sembrava calcolare la posizione delle stelle. Poi annuì con la testa e prese a discendere una scaletta che dal molo calava nelle acque scure.

– Si fermi signore! – gridai – non lo faccia!

Ma il vecchio non mi ascoltò, in breve tempo fu nell'acqua fino alla cintola, e poco dopo scomparve.

Senza indugiare, vestito com'ero, mi tuffai. L'acqua era gelida, e sul fondale melmoso giacevano detriti e cordami. Mi guardai intorno cercando tracce dell'uomo e con mia grande meraviglia vidi, sospesa a pochi metri dal fondo, un'insegna luminosa con la scritta "Bar". Verso di essa si dirigeva tranquillamente, camminando come un palombaro, il vecchio della gardenia. Come in un sogno nuotai anch'io verso quell'insegna che illuminava l'acqua di azzurro.

Arrivai così a una costruzione intarsiata di nautili, con una porta di legno. La porta si aprì subito e il signore con la gardenia mi tese la mano. Non fece altro che tirarmi dentro di colpo e mi ritrovai in un bar accogliente, luminoso e pieno di avventori. Era arredato con mobili di stile diverso, alcuni di antico gusto marinaro, altri esotici, altri decisamente moderni. Il bancone sembrava la fiancata di una nave, tanto era lucido e imponente. Sopra lo schieramento delle bottiglie c'era un grande oblò di vetro da cui si potevano ammirare candelabri di corallo e banchi di pesci. Gli avventori bevevano e chiacchieravano come in qualsiasi bar di terraferma. Come potete constatare dal disegno di copertina, formavano il gruppo più stravagante che io avessi mai visto.

Il barista mi fece segno di avvicinarmi. Aveva un'espressione ironica e il suo volto ricordava quello di un famoso interprete di film dell'orrore. Mi offrì un bicchiere di vino e mi appuntò una gardenia all'occhiello.

– Siamo lieti di averla tra noi – disse sottovoce. – La prego di accomodarsi, perché questa è la notte in cui ognuno dei presenti racconterà una storia.

Mi sedetti, e ascoltai i racconti del bar sotto il mare.

(da S. Benni, *Il bar sotto il mare*, Feltrinelli, Milano 2013)

CREA UNA CORNICE NARRATIVA

1. Prendi spunto dalla cornice narrativa di Stefano Benni per crearne una nuova, sempre caratterizzata dall'atmosfera surreale e fantastica ma modificando luoghi e personaggi.
2. Crea una cornice narrativa per una tua ipotetica raccolta di novelle o racconti (potrai cimentarti nella stesura di novelle o racconti utilizzando le tecniche affrontate nei vari laboratori di questo volume). Scegli una situazione appartenente alla vita quotidiana in cui un gruppo di persone si trova a condividere un momento di attesa (ad esempio la fermata dell'autobus, la sala d'attesa di un aeroporto o di un ambulatorio medico, la fila davanti a uno sportello ecc.) e tutti "si improvvisano" narratori di racconti. Prevedi alcune regole che i personaggi-narratori dovranno rispettare (temi, lunghezza, tipologia di storie ecc.) e soffermati sulla descrizione di ognuno (aspetto fisico, atteggiamenti ecc.).

2. FIABE IN UNA LETTERA

TECNICA: TAUTOGRAMMA

Il tautogramma rientra nella categoria dei giochi linguistici: si tratta infatti di una composizione in cui tutte le parole iniziano con la stessa lettera. In un tautogramma:

- la frase può anche essere priva di preposizioni, articoli, congiunzioni e dare spazio alla coordinazione per asindeto e a verbi di modo indefinito;
- è fondamentale l'uso di sostantivi, avverbi, aggettivi originali, di modo che il testo risulti divertente e brillante. Numerosi possono essere i neologismi.

Questo tipo di testo può essere utilizzato per riassumere o parafrasare in modo creativo un altro testo narrativo.

Alcuni autori hanno utilizzato il tautogramma per creare un ironico riassunto di testi noti, come alcune fiabe. Umberto Eco, ad esempio, ha rielaborato, in un tautogramma di parole con la *p*, il testo di *Pinocchio*. Eccone un estratto:

Le parole sono collegate senza l'uso di preposizioni.

Si utilizzano verbi di modi indefiniti.

Si cercano sinonimi, iperonimi e iponimi delle parole che vorremmo usare per rispettare la lettera prescelta.

Si lavora su un uso creativo di avverbi, sostantivi, aggettivi.

Si creano neologismi e parole composte

Può essere utile, per mantenere la lettera prescelta, l'uso di pronomi enclitici (punzecchia*lo* anziché *lo* punzecchia).

Si utilizzano perifrasi per indicare persone, oggetti, luoghi, per consentire l'uso della stessa lettera (il *grillo* diventa qui prima un "parassita parlante" poi un "pedagogo piccino piccino").

Povero Papà (Peppe) palesemente provato penuria, prende prestito polveroso pezzo pino poi, perfettamente preparatolo, pressatolo, pialla pialla, progetta, prefabbricane pagliaccetto.

Prodigiosamente procrea, plasmando plasticamente, piccolo pupo pel pelato, pieghevole platano! Perbacco! Pigola, può parlare, passeggiare, percorrere perimetri, pestare pavimento, precoce protagonista (però provvisto pallido pensiero), propenso produrre pasticci. Pronunciando panzane protubera propria prosbocide pignosa, prolunga prominente pungiglione, profilo puntuto.

Perde persino propri piedi piagati, perusti! Piagnucola. Papà paziente provvede. Pinocchio privo pomodori, panciavuota, pela pere. Poco pasciuto, pilucca picciuolo.

Padre, per provvedergli prestazioni professorali, premurosamente porta Pegno palandrana.

"Pensaci" punzecchialo peritissimo, prudentissimo parassita parlante, "prudenza, perseveranza!

Prevedo pesanti punizioni!".

"Piantala petulante pignolo!"

Presuntuoso pupattolo percuote pedagogo piccino piccino (plash!) producendone poltiglia. Peccato. Poteva piuttosto porgergli padiglione. Poi parte pimpante, privo pullover.

Papà piange preoccupato: "Pinocchio perduto!"

Pellegrino, percorre perennemente pianure paludose...

Pinocchio pedala pedala, pervicacemente peregrinando per piazze, partecipa pantomima pupazzetti, periclita presso pentola, prende pochi pennies.

ATTIVITÀ

Nel tautogramma che ti proponiamo, il colore del mantello di Cappuccetto rosso *diventa* carminio*: la precisazione della sfumatura del colore permette infatti di riassumere la fiaba costruendo un testo con parole che iniziano tutte con la* c.

Cappuccetto, calamità! Consuocera convalescente! Compi cortesia: cogli cestino contenente carote. Confortandola, consegnagliele. Cautela: campo circostante casa, colmo carogne! Capito?»
«Certo! Corro!»
Così, cammina cammina, coraggiosamente Cappuccetto Carminio conquista cerreto. Compare coyote cortese, chiede: «Creaturina, cosa combini?»
«Consegno cibo, che cristiana coccolerà!»
Cattiva carogna congettura cena.
«Che cara... Come chiamo codesto capo chiacchierone?»
«Cappuccetto Carminio.»
«Carino! Comunque, confidenza: casomai cerchi consiglio, *Cappottino Corallo*, cambia corso.»
«Cioè?»
«Continua corretto: considera classico, ché corto! Così congiungerai celermente chicchessia!»
«Certo! Ciao cane!»
Così, celandosi, canaglia conduce cammino conciso. Considerando carne, corre. Contrariamente, cappuccio colorato, corrotta, comincia cammino complesso, calma consegue compito. Coglie colonna cinerea: comignolo! Camino! Circumnavigando culla capta cucitrice, connotati cambiati. Constata crucciata: «Cribbio, che ciglione!»
«Carina, cornee cieche cercano carezze.»
«Corbezzoli, che confuse callosità!»
«Capelli celati, concernono carestia.»
«Caspita, che corposa cavità!»
«COME CISTERNA CONTIENE CAPPUCCINO!»
Così corpo canino consuma corpicino, come capitato con catarrina compagna. Circostante, calmo cacciatore canticchia canzoncina. Clamore! Comprende crimine.
«Chi commette colpa?»
Concentrandosi, canna colpisce colpevole, cava colma caverna, così compaiono consorti contente. Conclusione: *cave canem.*

(da M. Matteacci, *Alfiabesco-Venti tautogrammi*, il Menocchio editore, 2014)

FIABE IN UN TAUTOGRAMMA

1. Modifica i titoli di alcune fiabe famose trasformandoli in un ironico tautogramma, scegliendo la lettera che preferisci. Se non conosci le fiabe cerca e leggi il testo.
• *Cappuccetto rosso* • *Il gatto con gli stivali* • *La bella addormentata nel bosco* • *Il brutto anatroccolo* • *Hänsel e Gretel* • *I vestiti nuovi dell'imperatore*

2. Scegli uno dei titoli dell'esercizio 1 e rielabora la fiaba in un tautogramma.

3. NUOVA VITA PER LE FIABE

TECNICA: FIABE A RICALCO

Quello delle fiabe a ricalco è un procedimento ludico che permette di ottenere una nuova fiaba da una vecchia, mantenendo la struttura essenziale della trama ma dandole una nuova interpretazione, ambientazione, profondità.
Lo scrittore Gianni Rodari spiega così questa tecnica nella sua *Grammatica della fantasia* (Einaudi, 1973):

> «Si riduce una fiaba nota alla pura trama della sua vicenda e delle sue relazioni interne: *Cenerentola vive con la matrigna e le sorellastre. Esse si recano a un gran ballo, lasciandola sola a casa. Per intervento di una fata, essa pure va a ballare. Il principe si innamora di lei. Eccetera.*
> La seconda operazione consiste nel ridurre ulteriormente la trama a una pura espressione astratta: *A vive in casa di B, stando con B in un rapporto diverso da C e D che pure convivono. Mentre B, C e D si recano a E, dove si svolge un avvenimento F, A rimane sola (o solo, non importa il sesso). Però grazie all'intervento di G anche A può recarsi a E, dove produce un effetto straordinario su H. Eccetera*».

Lo scrittore continua dicendo che «il momento essenziale del *ricalco* è l'analisi della fiaba data»: occorre quindi individuare con precisione gli **elementi caratteristici della fiaba**, in particolare gli elementi compositivi che si ripetono da un testo all'altro e che lo studioso Vladimir Propp ha chiamato «funzioni» (*Morfologia della fiaba*, 1928), individuandone in tutto 31.

GLI ELEMENTI TIPICI DELLA FIABA

- Narrazione di **eventi meravigliosi** (che coinvolgono fate, incantesimi, oggetti magici, creature soprannaturali ecc.).
- Coordinate spaziali e temporali spesso **indeterminate**.
- Formule fisse di apertura e chiusura: *C'era una volta...* ; *... e vissero felici e contenti.*
- **Ruoli definiti** dei personaggi: protagonista, antagonista, aiutante ecc.
- **Schema-base** ricorrente:
  - situazione iniziale:
  - allontanamento del personaggio principale;
  - avventure, durante le quali il personaggio deve affrontare delle prove;
  - ritorno a casa / lieto fine.

FUNZIONI DI PROPP: LE PIÙ FREQUENTI

- **Divieto** imposto all'eroe.
- **Infrazione** del divieto.
- **Tranello** imbastito dall'antagonista.
- **Danneggiamento** o mancanza di una persona o cosa.
- **Partenza** dell'eroe.
- **Prova** imposta all'eroe.
- **Superamento** delle prove.
- **Dono dell'oggetto magico** all'eroe.
- **Lotta** tra eroe e antagonista.
- **Vittoria** sull'antagonista.
- **Rimozione** della sciagura o mancanza iniziale.
- **Ritorno** dell'eroe.
- **Smascheramento** del falso eroe o dell'antagonista.
- **Trasformazione** dell'eroe.
- **Punizione** dell'antagonista.
- **Lieto fine** e premio.

Gianni Rodari ha realizzato la "fiaba a ricalco" di *Cenerentola* di cui parla nel passo della *Grammatica della fantasia* che hai appena letto. Ti proponiamo l'inizio:

C'era una volta, a Modena, la lavanderia a secco della signora Eulalia Borgetti, una vedova che viveva con due figliole, Sofronia e Bibiana, e teneva con sé anche una nipote povera, Delfina. La teneva per carità, s'intende. A Delfina non era mai permesso di dimenticarlo. Una rozza vestaglia grigia era la sua uniforme, tanto nei giorni feriali che in quelli festivi. E mai una volta all'Opera, lei, o a teatro, o al ballo. E guai se si arrischiava a gettare un'occhiata fuori dalla vetrina del negozio.

> L'inizio è quello tradizionale delle fiabe.

> Ricalco: *A vive in casa di B, stando con B in un rapporto diverso da C e D che pure convivono.*

– Delfina, hai finito di contare le gambe dei cani? – le domandava la zia Eulalia con una voce che faceva accapponare la pelle.

Anche quella sera Delfina era rimasta sola. La zia e le cugine, in pompa magna, si erano recate al gran ballo per l'elezione del Presidente della Repubblica di Venere. Un razzo dalla coda infuocata le aveva portate sul lontano pianeta. Altri razzi, a centinaia, si incrociavano nel cielo della città, affondavano nello spazio con il loro carico di abiti da sera, di gioielli, di signore e signorine che cicalavano gioiosamente.

> Ricalco: *Mentre B, C e D si recano a E, dove si svolge un avvenimento F, A rimane sola.*

> L'autore sceglie in questo caso un'ambientazione fantascientifica.

– Stasera, lassù, ci saranno tutte le bellezze della via Lattea – sospirava Delfina, guardando per aria. – Chissà che vestiti! Chissà che musica! Dicono che sarà lanciato un ballo nuovo. E io qua, a finire di stirare il vestito della signora Foglietti.

Questo vestito era un'autentica meraviglia: nero, tutto ricamato d'oro e d'argento, pareva una notte stellata. Ma la signora Foglietti non poteva portarlo, al ballo su Venere, perché ce l'aveva già portato una volta, quando era stato eletto l'altro presidente.

Delfina, quasi senza pensarci, si tolse la vestaglia grigia e indossò l'abito ricamato. Fece due o tre passi di danza, fantasticando, e fu sulla porta della lavanderia. La strada era deserta. Sempre così, quando c'era una gran festa su qualche pianeta… Qua e là, lungo i marciapiedi, sostavano alcune astronavi tipo famiglia. Una aveva la porta posteriore semiaperta. Delfina spiò nell'interno: non c'era nessuno. Si infilò silenziosamente nel razzo, sprofondando nel sedile. […]

In quel momento si udì un suono di voci, di passi, la portiera anteriore del missile si aprì, una coppia piuttosto anziana si accomodò nei sedili, davanti a Delfina, a pochi decimetri da lei, che scivolò sul pavimento col batticuore.

– Mio Dio, proprio la signora Foglietti! […]

Ricalco: *grazie all'intervento di G anche A può recarsi a E.*

Il signor Foglietti [...] alla luce del cerino premette un tasto, il razzo a fotoni spiccò un balzo alla velocità della luce, e prima che il signor Foglietti spegnesse il cerino, erano bell'e arrivati sul pianeta Venere.
Delfina aspettò che uscissero dall'astronave e che si allontanassero; quindi uscì a sua volta.
– Che faccio qui? Tanto vale che vada anch'io alla festa. [...]

(da G. Rodari, *Gip nel televisore e altre storie in orbita*, Einaudi Ragazzi, Torino 1967)

ATTIVITÀ

Ecco un altro suggerimento di Gianni Rodari (*Grammatica della fantasia*, 1973) per costruire una fiaba a ricalco: *A e B si perdono nel luogo C, sono accolti da D in un luogo E, dove esiste anche un forno F...*

FIABE MODERNE

1. Individua la fiaba di cui Gianni Rodari suggerisce il ricalco, poi riduci anche le seguenti fiabe alla struttura astratta della trama:
- *Cappuccetto Rosso*
- *Biancaneve*
- *La sirenetta*

2. È ora il momento del ricalco: scegli una fiaba tra quelle proposte (oppure un'altra a tua scelta) e scrivine una versione "moderna".

4. STORIE IN AVANTI O ALL'INDIETRO

TECNICA: ANACRONIE

La tecnica dell'anacronia serve a incuriosire il lettore e a coinvolgerlo nella lettura: l'autore fa in modo che l'intreccio, ovvero l'ordine in cui gli avvenimenti sono presentati nel racconto, non coincida con la fabula, ovvero la successione degli eventi nel loro ordine cronologico.

Le tecniche per alterare l'ordine cronologico nell'intreccio possono essere:

- il **flashback**, ovvero un salto indietro: in un punto della narrazione si inserisce il racconto di fatti avvenuti in precedenza. Serve per fornire spiegazioni e chiarimenti di quanto sta accadendo;
- l'**anticipazione**, ovvero un salto in avanti: si anticipano eventi che accadranno in seguito, in modo da creare attesa e curiosità nel lettore;
- l'**inizio *in medias res***, ovvero quando il testo inizia nel bel mezzo degli avvenimenti, senza alcuna presentazione di luoghi, personaggi, antefatti (talvolta precisati in un successivo flashback).

LA STRUTTURA DELLA FABULA

Nel testo narrativo la *fabula* ha una struttura ricorrente:

- **antefatto** (fatti precedenti a quelli narrati);
- **situazione iniziale** (equilibrio iniziale della storia);
- **crisi/esordio** (evento che mette in moto l'azione);
- **peripezie** (avventure ed eventi vissuti dai personaggi);
- ***Spannung*** (momento culminante di tensione);
- **scioglimento** (evento che porta verso la conclusione);
- **epilogo** (finale della storia).

Ecco una novella in cui l'autore, Luigi Pirandello, ha scelto di iniziare la narrazione dal bel mezzo della storia, spiegando poi in un flashback l'origine degli eventi.

Il treno ha fischiato

Farneticava. Principio di febbre cerebrale, avevano detto i medici; e lo ripetevano tutti i compagni d'ufficio, che ritornavano a due, a tre, dall'ospizio, ov'erano stati a visitarlo.

L'inizio è *in medias res.*

Pareva provassero un gusto particolare a darne l'annunzio coi termini scientifici, appresi or ora dai medici, a qualche collega ritardatario che incontravano per via:

– Frenesia, frenesia.

– Encefalite.

– Infiammazione della membrana.
– Febbre cerebrale.
E volevan sembrare afflitti; ma erano in fondo così contenti, anche per quel dovere compiuto; nella pienezza della salute, usciti da quel triste ospizio al gajo azzurro della mattinata invernale.
– Morrà? Impazzirà?
– Mah!
– Morire, pare di no...
– Ma che dice? che dice?
– Sempre la stessa cosa. Farnetica...
– Povero Belluca!
E a nessuno passava per il capo che, date le specialissime condizioni in cui quell'infelice viveva da tant'anni, il suo caso poteva anche essere naturalissimo, e che tutto ciò che Belluca diceva e che pareva a tutti delirio, sintomo della frenesia, poteva anche essere la spiegazione più semplice di quel suo naturalissimo caso.

Flashback: si racconta un fatto avvenuto il giorno precedente.

Veramente, il fatto che Belluca, la sera avanti, s'era fieramente ribellato al suo capo-ufficio, e che poi, all'aspra riprensione di questo, per poco non gli s'era scagliato addosso, dava un serio argomento alla supposizione che si trattasse d'una vera e propria alienazione mentale.
Perché uomo più mansueto e sottomesso, più metodico e paziente di Belluca non si sarebbe potuto immaginare.
Circoscritto... sì, chi l'aveva definito così? Uno dei suoi compagni d'ufficio. Circoscritto, povero Belluca, entro i limiti angustissimi della sua arida mansione di computista [...].
Tanto più che, la sera avanti, proprio gli toccava la riprensione; proprio aveva il diritto di fargliela, il capo-ufficio. Già s'era presentato, la mattina, con un'aria insolita, nuova; e – cosa veramente enorme, paragonabile, che so?, al crollo d'una montagna – era venuto con più di mezz'ora di ritardo.
Pareva che il viso, tutt'a un tratto, gli si fosse allargato. Pareva che i paraocchi gli fossero tutt'a un tratto caduti, e gli si fosse scoperto, spalancato d'improvviso all'intorno, lo spettacolo della vita. Pareva che gli orecchi tutt'a un tratto gli si fossero sturati e percepissero per la prima volta voci, suoni non avvertiti mai.
Così ilare, d'una ilarità vaga e piena di stordimento, s'era presentato all'ufficio.
E, tutto il giorno, non aveva combinato niente.
La sera, il capo-ufficio, entrando nella stanza di lui, esaminati i registri, le carte:
– E come mai? Che hai combinato tutt'oggi?
Belluca lo aveva guardato sorridente, quasi con un'aria d'impudenza, aprendo le mani.
– Che significa? – aveva allora esclamato il capo-ufficio, accostandoglisi e prendendolo per una spalla e scrollandolo. – Ohé, Belluca!
– Niente, – aveva risposto Belluca, sempre con quel sorriso tra d'impudenza e d'imbecillità su le labbra. – Il treno, signor Cavaliere.
– Il treno? Che treno?
– Ha fischiato.
– Ma che diavolo dici?
– Stanotte, signor Cavaliere. Ha fischiato. L'ho sentito fischiare...
– Il treno?

– Sissignore. E se sapesse dove sono arrivato! In Siberia… oppure oppure… nelle foreste del Congo… Si fa in un attimo, signor Cavaliere! [...]
Lo avevano a viva forza preso, imbracato e trascinato all'ospizio dei matti [...]
Ora parlava di azzurre fronti di montagne nevose, levate al cielo; parlava di viscidi cetacei che, voluminosi, sul fondo dei mari, con la coda facevan la virgola. Cose, ripeto, inaudite.

La narrazione torna al presente.

Chi venne a riferirmele insieme con la notizia dell'improvvisa alienazione mentale rimase però sconcertato, non notando in me, non che meraviglia, ma neppur una lieve sorpresa.
Difatti io accolsi in silenzio la notizia. Ma il mio silenzio era pieno di dolore. Tentennai il capo, con gli angoli della bocca contratti in giù, amaramente, e dissi:
– Belluca, signori, non è impazzito. State sicuri che non è impazzito. Qualche cosa dev'essergli accaduta; ma naturalissima. Nessuno se la può spiegare, perché nessuno sa bene come quest'uomo ha vissuto finora. Io che lo so, son sicuro che mi spiegherò tutto naturalissimamente, appena l'avrò veduto e avrò parlato con lui.
Cammin facendo verso l'ospizio ove il poverino era stato ricoverato, seguitai a riflettere per conto mio. [...] Non avevo veduto mai un uomo vivere come Belluca. Ero suo vicino di casa, e non io soltanto, ma tutti gli altri inquilini della casa si domandavano con me come mai quell'uomo potesse resistere in quelle condizioni di vita.
Aveva con sé tre cieche, la moglie, la suocera e la sorella della suocera: queste due, vecchissime, per cataratta; l'altra, la moglie, senza cataratta, cieca fissa; palpebre murate. Tutt'e tre volevano esser servite. Strillavano dalla mattina alla sera perché nessuno le serviva. Le due figliuole vedove, raccolte in casa dopo la morte dei mariti, l'una con quattro, l'altra con tre figliuoli, non avevano mai né tempo né voglia da badare ad esse; se mai, porgevano qualche ajuto alla madre soltanto. [...]

Si forniscono informazioni sull'antefatto, in modo da dare una spiegazione degli eventi che stanno accadendo.

(da L. Pirandello, *Tutte le novelle*, Garzanti, Milano 2007)

Uno degli esempi più famosi di anticipazione è invece l'inizio del romanzo *Cent'anni di solitudine* dello scrittore Gabriel García Márquez:

Molti anni dopo, di fronte al plotone di esecuzione, il colonnello Aureliano Buendía si sarebbe ricordato di quel remoto pomeriggio in cui suo padre lo aveva condotto a conoscere il ghiaccio. Macondo era allora un villaggio di venti case di argilla e di canna selvatica costruito sulla riva di un fiume dalle acque diafane che rovinavano per un letto di pietre levigate, bianche ed enormi come uova preistoriche.

L'anticipazione ci preannuncia l'evoluzione degli eventi narrati, senza dare troppi dettagli, per suscitare attesa e curiosità nel lettore.

(da G. García Márquez, *Cent'anni di solitudine*, Mondadori, Milano 1995)

ATTIVITÀ

In quanti modi possiamo raccontare una giornata trascorsa? Leggiamo un esempio:

Esausto sprofondo nel letto, nel *mio* letto, felice di poter abbracciare il *mio* cuscino. Niente di paragonabile a quel cuscino ruvido e maleodorante su cui ho dovuto dormire la scorsa notte. Per non parlare del letto: quando sono entrato nella stanza e ho visto quella tristissima brandina da campeggio mi sono quasi venute le lacrime agli occhi. «Con quello che mi costa passare la notte qui!» ho pensato.
Disteso mi tornano in mente immagini di quest'avventura, se così vogliamo chiamarla. La signora della reception, con quel suo tono scortese e freddo.
Barone che ruba una brioche (una squallida brioche surgelata e riscaldata) dal tavolo della colazione.
Lo stesso Barone che, qualche ora prima, correva in spiaggia a caccia di gabbiani.
Io che, dal molo, vedo partire l'ultima nave che poteva riportarmi a casa.
«Devo rimanere sull'isola», ho pensato. «Anzi, dobbiamo. Come potrò portare Barone in albergo? Una parola trovare un posto dove accettino cani. Cani come lui, intendo. Un cane alla costante ricerca di cibo, che ruba qualunque oggetto per trasformarlo in un gioco e saluta chiunque saltandogli addosso. Insomma, non uno di quei cani che se ne sta seduto mentre il padrone mangia comodamente al tavolino».
Tutto è iniziato con la mia idea di portare Barone a fare un giro sull'isola. È sufficiente un'ora di traghetto e siamo là. Ormai non ci saranno più turisti e noi potremo goderci il mare, ho pensato.
E così è stato. Era così bello assaporare il profumo del mare sulla spiaggia solitaria che le ore sono volate. Un bagno e un pranzetto veloce e poi eravamo pronti a ripartire. «Facciamo un giretto in paese» mi sono detto «vorrei tornare sulla rocca e rivedere le stradine in cui ho passato un anno, bellissimo, della mia vita. Lavoravo come un matto, respiravo il profumo del mare ed ero felice». Barone mi seguiva, trotterellando come al solito e dando qualche strattone al guinzaglio. Siamo arrivati sulla rocca.

Mi sono immerso a guardare quel panorama, come mi accadeva tanti anni fa. Poi l'imprevedibile: una cagnolina bianca che scorrazza sulla spiaggia sottostante, a cui si arriva da una stradina a strapiombo sul mare. Barone mi ha preso alla sprovvista tirando il guinzaglio più del solito ed è scappato, correndo a perdifiato verso la cagnolina. Mi sono precipitato a raggiungerlo (i miei richiami in questi momenti sono sempre totalmente vani) ma il sentiero era piuttosto impervio: sono caduto, ho messo la mano su un cespuglio spinoso, sono finito con la testa nel fango. Insomma, mi è successo di tutto. Prima che sia riuscito a riacciuffare il mio amico peloso era passato un bel po' di tempo. Mi sono "leccato le ferite" e ho controllato gli orari dei traghetti: non rimaneva che una nave disponibile per tornare sulla terraferma. In questo periodo dell'anno, vista l'esigua affluenza, le corse sono rare.
Ci siamo precipitati, ma quando siamo arrivati sul molo l'ultima nave era salpata. Dopo una estenuante ricerca, abbiamo trovato un albergo dove accettassero anche i cani (ma forse se avessero saputo che Barone avrebbe spolverato i vassoi di antipasti e lacerato i cuscini della nostra camera non ci avrebbero accolti).
Una signora *simpaticissima* fa la registrazione e mi informa che la cena è alle otto. Proviamo a presentarci ma mi accorgo subito (l'incidente con i vassoi di cui ho appena accennato, *ndr*) che dobbiamo andare *fuori* a cena.
Un pezzo di pizza al taglio e via a letto. Purtroppo in quel letto terribile non sono nemmeno riuscito a riposare. L'indomani mi alzo all'alba, voglio partire con il primo traghetto e salutare la mia bella isola che anche Barone non dimenticherà mai.

SEGNI DEL TEMPO

1. Modifica l'inizio del testo in modo che avvenga *in medias res*, poi introduci un flashback. Ricostruisci poi la fabula del testo, eliminando le anacronie.
2. Scegli una giornata particolare che hai vissuto e raccontala usando anacronie.

5. «CON I *SE* NON SI FA LA STORIA»… MA *LE* STORIE SÌ!

TECNICA: IPOTESI FANTASTICA

L'ipotesi fantastica consiste nel porsi la domanda *Che cosa succederebbe se…* e nel completarla scegliendo un soggetto e un predicato accostati in modo insolito e azzardato: l'ipotesi che ne risulta può essere pertanto del tutto assurda e priva di logica, ma la risposta alla domanda è in grado di creare infiniti sviluppi narrativi. Qualche esempio:

- *Che cosa succederebbe se… i topi suonassero il violino?*
- *Che cosa succederebbe se… i libri si mettessero a parlare?*
- *Che cosa succederebbe se… tu diventassi capace di leggere nel pensiero?*

È ancora una volta lo scrittore Gianni Rodari a spiegare questa tecnica (*Grammatica della fantasia*, Einaudi, 1973):

> «Ecco subito un esempio illustre: *Che cosa succederebbe se un uomo si svegliasse trasformato in un immondo scarafaggio?* Alla domanda ha risposto da par suo Franz Kafka nel racconto *La metamorfosi*. Non dico che quel racconto sia nato da quella precisa domanda, ma la sua forma è sicuramente quella dello sviluppo fino alle conseguenze più tragiche di un'ipotesi del tutto fantastica».

Questa tecnica risulta pertanto una valida ispirazione per costruire un racconto fantastico dai toni ironici e brillanti o anche misteriosi e inquietanti.

IL RACCONTO FANTASTICO

Un **racconto** – cioè una narrazione breve con un'ambientazione definita e personaggi dotati di un'identità specifica – si definisce **fantastico** quando in una situazione ordinaria e quotidiana irrompono episodi o personaggi carichi di mistero e stranezze. L'atmosfera che si crea può dunque essere inquietante e misteriosa (e i personaggi oscillano tra una spiegazione razionale e una soprannaturale degli eventi), ma anche semplicemente magica e divertente.
Diversamente dalla **fiaba**, in cui l'elemento meraviglioso è percepito dal lettore come la regola e non come qualcosa di assurdo, strano o insolito, nel racconto fantastico l'evento soprannaturale irrompe in una situazione di vita ordinaria ed è pertanto un fatto strano e spesso inquietante.

Partendo dall'ipotesi fantastica *Che cosa succederebbe se il vostro ascensore schizzasse sulla luna?* Gianni Rodari ha ideato un racconto in cui la dimensione fantastica assume contorni magici, giocosi e divertenti.

A tredici anni Romoletto venne assunto come aiuto garzone al bar Italia. Gli affidarono i servizi a domicilio, e tutto il giorno egli correva su e giù per strade

e per scale, reggendo in equilibrio vassoi pericolosamente carichi di chicchere, tazze e bicchieri. Più che altro gli davano fastidio le scale: a Roma, come del resto in altri posti del mondo, le portinaie sono gelose dei loro ascensori e ne vietano l'accesso, di persona o con cartelli, a baristi, lattai, fruttaroli e simili.
Una mattina telefonò al bar l'interno quattordici del numero centotré, voleva quattro birre e un tè ghiacciato, «ma subito, o li butto dalla finestra», aggiunse una voce burbera, ed era quella del vecchio marchese Venanzio, terrore dei fornitori.
L'ascensore del numero centotré era di quelli proibitissimi, ma Romoletto sapeva come ingannare la sorveglianza della portinaia, che sonnecchiava nella guardiola: sgattaiolò non visto nella cabina, infilò le cinque lire nell'apparecchio a scatto, schiacciò il bottone del quinto piano e l'ascensore partì cigolando. Ecco il primo piano, il secondo, il terzo. Dopo il quarto piano, invece di rallentare, l'ascensore accelerò la corsa, schizzò davanti al pianerottolo del marchese Venanzio senza fermarsi, e prima che Romoletto avesse il tempo di meravigliarsi tutta Roma giaceva ai suoi piedi e l'ascensore saliva alla velocità di un razzo verso un cielo tanto azzurro da sembrar nero.
– Ti saluto, marchese Venanzio, – mormorò Romoletto con un brivido. Con la mano sinistra egli reggeva sempre in equilibrio il vassoio con le consumazioni, e la cosa era piuttosto da ridere, considerando che intorno all'ascensore si allargava ormai ai quattro venti lo spazio interplanetario, e la terra, laggiù laggiù, in fondo all'abisso celeste, ruotava su se stessa trascinando nella sua corsa il marchese Venanzio che aspettava le quattro birre e il tè ghiacciato.
«Almeno non arriverò tra i marziani a mani vuote», pensò Romoletto, chiudendo gli occhi. Quando li riaperse, l'ascensore aveva ricominciato a scendere, e Romoletto tirò un respiro di sollievo: – Dopo tutto, il tè arriverà ghiacciato ugualmente. Purtroppo l'ascensore toccò terra nel cuore di una selvaggia foresta tropicale e Romoletto, guardando attraverso i vetri, si vide circondato da strane scimmie barbute che se lo indicavano eccitate, chiacchierando con straordinaria rapidità in una lingua incomprensibile. «Forse siamo cascati in Africa», rifletté Romoletto. Ma ecco che il cerchio delle scimmie si apriva per lasciar passare un personaggio inatteso: uno scimmione in divisa blu, montato su un enorme triciclo.
– Una guardia! Forza, Romoletto!
E senza contare né uno né due il giovane aiuto garzone del bar Italia schiacciò un bottone dell'ascensore, il primo che gli capitò sotto le dita. L'ascensore ripartì a velocità supersonica, e solo quando fu a una certa distanza Romoletto, guardando in basso, si rese conto che il pianeta dal quale stava fuggendo non poteva essere la Terra: i suoi continenti e i suoi mari avevano un disegno del tutto diverso, e mentre dallo spazio la Terra gli era apparsa di un bell'azzurro tenero, i colori di questo globo variavano dal verde al viola.
– Sarà stato Venere, – decise Romoletto, – ma al marchese Venanzio cosa dirò? Toccò con le nocche delle dita i bicchieri sul vassoio: erano gelati come quando era uscito dal bar. Tutto sommato, non dovevano essere trascorsi che pochi minuti.
L'ascensore, dopo aver attraversato a velocità incredibile un enorme spazio deserto, riprese a scendere. Romoletto, stavolta, non poteva aver dubbi: – Accipicchia! – esclamò, – stiamo atterrando sulla Luna. Che ci faccio io qui?

La situazione iniziale appartiene alla dimensione quotidiana e realistica.

Accade l'inaspettato e la narrazione si sposta su un piano fantastico.

Si sviluppa la narrazione, immaginando gli eventi conseguenti alla realizzazione dell'ipotesi fantastica (*Che cosa succederebbe se... il vostro ascensore schizzasse sulla luna?*).

Si suggerisce una possibile spiegazione (in chiave fantastica) degli strani eventi accaduti (il pulsante non indica il "piano terra" ma il "pianeta terra").

I famosi crateri lunari si avvicinavano rapidamente. Romoletto corse con le dita della mano libera dal vassoio alla bottoniera dell'ascensore, ma: – Alt! – si ordinò, prima di schiacciare un bottone qualsiasi, – riflettiamo un momentino. Esaminò la fila dei bottoni. L'ultimo in basso recava in rosso la lettera «T», che vuol dire terra.

– Proviamo! – sospirò Romoletto.

Schiacciò il bottone del pian terreno e l'ascensore invertì immediatamente la rotta. Pochi minuti dopo riattraversava il cielo di Roma, il tetto del numero centotre, la tromba delle scale, e atterrava accanto alla nota portineria, dove la portinaia, ignara di quel dramma interplanetario, continuava a sonnecchiare. Romoletto si precipitò fuori, senza nemmeno voltarsi a richiudere la porta. Stavolta le scale le fece a piedi. Bussò all'interno quattordici e ascoltò a testa bassa, senza fiatare, le proteste del marchese Venanzio:

– Be', ma dove sei stato tutto questo tempo? Ma ce lo sai che da quando vi ho ordinato queste maledette birre e questo stramaledetto tè ghiacciato sono passati ben quattordici minuti?

Al posto tuo Gagarin sarebbe già arrivato sulla Luna.

«Anche più in là», pensò Romoletto, ma non aprì bocca. E per fortuna le bevande erano ancora ghiacciate a puntino.

Eh, ne deve fare di corse, in un giorno, l'aiuto garzone del bar Italia addetto ai servizi a domicilio...

(da G. Rodari, *Favole al telefono*, Einaudi, Torino 1962)

ATTIVITÀ

Ti proponiamo adesso l'inizio del racconto dello scrittore americano Nathaniel Hawthorne che sviluppa l'ipotesi fantastica *Che cosa succederebbe se… un pupazzo di neve prendesse vita?*

La bambina di neve

In un rigido pomeriggio d'inverno due bambini chiesero alla mamma il permesso di uscire a giocare con la neve fresca. La bambina veniva chiamata Violetta per la sua natura dolce, e il suo fratellino Papavero per le sue guance perfettamente infiammate. Il padre dei due bambini, il signor Lindsey, negoziante di ferramenta, era una pasta d'uomo, ma privo assolutamente di fantasia e con una testa dura e forse vuota come le pentole di ferro che vendeva. La mamma invece conservava un tocco di poesia sopravvissuto alla sua immaginosa giovinezza. Davanti alla casa c'era un piccolo giardino con un pero, due susini e alcuni cespi di rose: ma in quel tempo il gelo formava sui rami spogli una specie di fogliame invernale, con qualche ghiacciuolo che pendeva come un frutto.

«Facciamo un fantoccio di neve, Papavero?» chiese Violetta. «Lo costruiremo come una bambina: sarà la nostra sorellina con cui potremo giocare per tutto l'inverno».

«Oh, sì! E anche la mamma sarà contenta» disse Papavero. «Certo, ma non dovrà farla entrare nel salotto riscaldato, perché alla nostra sorellina di neve il caldo non

piacerà». Violetta prese la direzione dell'impresa e Papavero le procurava il materiale mentre lei, con le sue dita sensibili, dava forma alle parti più delicate del fantoccio. Non sembrava però che la figura nascesse modellata dai bambini, ma piuttosto che andasse formandosi da sé, mentre loro le giocavano attorno, chiacchierando entusiasti. [...]
Dal salotto, la mamma sorrideva alle frasi dei bambini. [...]
«Guarda, Papavero!» esclamò a un tratto Violetta tutta eccitata. «Un riflesso di quella nuvola le ha illuminato le guance, e le è rimasto acceso in viso».
«Oh, Violetta, ma guardale i capelli. Splendono come oro!».
«È naturale» commentò tranquilla Violetta. «Hanno imprigionato l'ultimo raggio di sole. È quasi finita, ormai. Ma le labbra devono essere rosse. Forse diventeranno rosse, se le daremo un bacio».
La mamma udì i due schiocchi, come se i bambini avessero davvero baciato il fantoccio sulle labbra gelide.
«Mamma, mamma!» gridarono. «La nostra sorellina di neve è terminata e ora gioca in giardino con noi! Affacciati a vedere».
La madre guardò oltre i vetri: la figuretta esile di una bambina candidamente vestita, con le guance rosse e i riccioli d'oro, correva nel giardino con i suoi figli. Sembrava conoscerli da sempre. La signora pensò che fosse la figlia di qualche vicino, e aperse la porta per invitarla a entrare. Ma sulla soglia si arrestò. Fu colta addirittura dal dubbio se si trattasse di una bambina reale o di un mulinello leggero di neve trasportato in giardino dal vento gelido. E poi quale madre avrebbe fatto indossare alla sua bambina quell'abito sottile per mandarla a giocare in un pomeriggio d'inverno? [...]
«Violetta, tesoro» chiese a bassa voce la madre, turbata. «Come si chiama quella bambina e dove abita?».
«Come!» rise Violetta all'idea che la madre non comprendesse una verità tanto semplice. «Ma è la nostra sorellina che abbiamo appena finito di costruire!» [...]

(da N. Hawthorne, *Paura! Racconti col brivido*, EL, Milano 1987)

RAGIONARE PER IPOTESI

1. Sottolinea nel testo il momento in cui il soprannaturale irrompe nel quotidiano, facendo sì che il racconto viri verso il fantastico. Prova poi a continuare tu il racconto, immaginando le vicende vissute dalla bambina di neve e le reazioni dei diversi personaggi, tra la meraviglia e i tentativi di spiegazione razionale. Cerca il testo se vuoi scoprire come invece l'autore ha immaginato gli eventi.

2. Ti suggeriamo una serie di ipotesi fantastiche, da arricchire con altre di tua invenzione. Scegline poi una e sviluppala creando un racconto fantastico.
Che cosa succederebbe se...

- il tuo zaino prendesse vita?
- una giraffa dormisse nel tuo giardino?
- l'armadio si aprisse da solo?
- i semafori si colorassero di viola?
- i cani cantassero opere liriche?
- scomparisse il denaro?
- il tuo specchio riflettesse ogni volta un volto diverso?
- le scale di casa tua conducessero ogni volta che le sali in un luogo diverso?

6. TUTTA UN'ALTRA STORIA

TECNICA: *SPIN-OFF*

Lo *spin-off* è un'opera derivata da un'altra principale che, prendendo spunto da un personaggio, un elemento, o da un evento secondario dell'opera di riferimento, sviluppa una nuova storia.

È una tecnica molto utilizzata nel mondo dei videogiochi e dei fumetti, nell'ambito del cinema e delle serie tv, dove spesso, sull'onda del successo di un prodotto, se ne crea uno *spin-off*, anche se non sempre con gli stessi risultati dell'opera di partenza.

Qualche esempio delle serie tv e cinema:

- *CSI: Miami* (2002-2012), *CSI: New York* (2004-2013), *CSI: Cyber* (2015) sono tutte serie televisive nate come *spin-off* di *CSI: Scena del crimine*, serie televisiva statunitense trasmessa dal 2000 al 2015;
- *Joey*, una serie televisiva statunitense (2004-2006), nata come *spin-off* di *Friends* e incentrata sul personaggio di Joey Tribbiani, interpretato in entrambe le produzioni da Matt Le Blanc;
- *Mork & Mindy*, una fortunata *situation comedy* con elementi fantascientifici (USA, in onda tra il 1978 e il 1982), che sviluppa la storia di Mork, alieno proveniente dal pianeta Ork, interpretato da Robin Williams, che compare in una puntata della famosa serie *Happy Days* (1974-1984);
- *Il gatto con gli stivali*, film d'animazione del 2011, nato come *spin-off* dalla fortunatissima saga di *Shrek* (2001-2010), rende protagonista il personaggio del gatto.

Questa tecnica può essere usata anche in letteratura e può essere particolarmente efficace se si intende approfondire un determinato personaggio, rendendolo protagonista della nuova narrazione e dando maggior spazio alla sua caratterizzazione.

Lo scrittore Alessandro Baricco spiega in che modo può nascere uno *spin-off* letterario, com'è accaduto con il suo libro *Tre volte all'alba* (2012), *spin-off* del suo romanzo *Mr Gwyn* (2011):

> «in *Mr. Gwyn*, a un certo punto, in una libreria, un personaggio trova un libro che si intitola *Tre volte all'alba*, attribuito a tale Narayan (non è un omaggio all'omonimo autore indiano: mi piaceva il suono, solo dopo mi sono reso conto che era il nome di uno scrittore realmente esistente). Il giorno dopo aver finito *Mr. Gwyn* ho iniziato *Tre volte all'alba*: l'editore l'ha definita una *mandrakata*, ma è stata pura passione. Il fatto è che non volevo smettere di scrivere».

Poi rivela:

> «tutti i libri citati in *Mr. Gwyn* sono storie che avevo in testa da anni, e in questo periodo sto scrivendo a raffica racconti legati a quei libri».

(da www.genova.mentelocale.it)

CREARE UN PERSONAGGIO

Costruire personaggi interessanti è fondamentale in un testo narrativo e per questo è necessario dar loro un'**identità**, immaginando per ciascuno precise caratteristiche di tipo:

- fisico e anagrafico (aspetto, età)
- psicologico (carattere, temperamento);
- sociale (ambiente sociale e familiare di provenienza);
- ideologico-culturale (modi di pensare, valori, stile di vita).

Tali caratteristiche possono rimanere fisse per tutta la durata del testo (personaggio statico) oppure possono subire trasformazioni (personaggio dinamico).
La presentazione al lettore delle caratteristiche del personaggio può avvenire in due modi (che possono essere anche combinati in una modalità mista):

- diretta: qualcuno (il narratore, un altro personaggio o il personaggio stesso) descrive le caratteristiche del personaggio. Es.: *Thomas era un ragazzo impulsivo, testardo e altruista, così, di fronte a quella notizia, non si fermò a riflettere e decise di partire con il primo treno disponibile.*
- indiretta: il lettore ricava le caratteristiche del personaggio dalle sue azioni e reazioni, dai suoi pensieri e discorsi. Es.: *«Perché l'avete lasciata partire? La raggiungerò, anche in capo al mondo, e non affronterà da sola questo peso!» esclamò Thomas con gli occhi gonfi di lacrime. «A che ora parte il prossimo treno per Vienna?»*

COME PARLANO I PERSONAGGI

Il narratore può riportare le parole e i pensieri dei personaggi in vari modi:

- **discorso diretto**: si riportano le parole così come sono state pronunciate, usando le virgolette («...») o il trattino (–), eventualmente introdotte da un verbo dichiarativo. Es.: *Il signor Goblin, giunto nel luogo indicato, disse: – Che strano! Che ci faccio qui? / «Che strano! Che ci faccio qui?» pensò il signor Goblin una volta giunto nel luogo indicato.*
  In questo modo si può distinguere e caratterizzare il linguaggio di ogni personaggio (espressioni particolari, influssi dialettali, lessico utilizzato ecc.)
- **discorso indiretto**: il narratore riferisce in modo indiretto quanto detto dai personaggi, utilizzando verbi dichiarativi. Es.: *Il signor Goblin, non appena vi giunse, si meravigliò e si chiese come mai si trovasse in quel luogo.*
- **discorso indiretto libero**: anche in questo caso è il narratore a riferire le parole dei personaggi, ma senza verbi dichiarativi. Rispetto al discorso indiretto, questa tecnica permette al lettore di avvicinarsi maggiormente al vissuto e al mondo dei personaggi. Non risulta sempre chiaro se si tratti di parole pronunciate o soltanto pensate. Es.: *Il signor Goblin giunse a destinazione. Che strano! Perché proprio quello era il luogo indicato?*
- **monologo interiore e flusso di coscienza**: si tratta di una tecnica utilizzata nella letteratura novecentesca in cui i pensieri dei personaggi sono liberamente riportati sulla pagina, talvolta con una struttura sintattica che li rende simili a un discorso indiretto libero (senza verbi dichiarativi né virgolette), talaltra in modo totalmente disordinato e privo di coerenza sintattica. Es.: *Se Shakespeare non fosse mai esistito, si domandò, il mondo sarebbe stato molto diverso da com'è oggi? Il progresso della civiltà dipende dai grandi uomini? E la sorte della gente comune è migliore adesso che non al tempo dei Faraoni? E comunque, è poi giusto giudicare il livello di civiltà usando come criterio la sorte della gente comune? Forse no.* (V. Woolf, *Gita al faro*, 1927).

Un esempio letterario di *spin-off* è *L'idealista*, romanzo storico dell'australiana Geraldine Brooks, con il quale la scrittrice ha ottenuto, nel 2006, il Premio Pulitzer per la narrativa. Il libro prende spunto dal famosissimo *Piccole donne*, romanzo di Louisa May Alcott: quest'ultimo si apre con le sorelle March che, in prossimità del Natale, rivolgono un pensiero al padre lontano in guerra. Lo riabbracceranno esattamente un anno dopo, alla fine del libro. Il romanzo della Brooks ha immaginato il periodo del signor March passato in guerra, modellando la sua figura su quella, reale, del padre di Louisa May Alcott. Il risultato è un sorprendente romanzo storico a sé stante, che offre uno squarcio della guerra di secessione. Ti proponiamo l'inizio:

La Virginia non sarà una passeggiata

21 ottobre 1861

Chi parla è il signor March, protagonista del romanzo.

Si tratta delle parole di una delle tante lettere che il signor March invia alla famiglia, composta dalla moglie e dalle quattro "piccole donne": Meg, Jo, Beth, Amy.

Le ho scritto: *Le nubi stasera risaltavano nel cielo come figure a sbalzo. Il sole morente cospargeva ogni cosa d'oro e di bronzo, e il firmamento appariva come intessuto di fili preziosi*. Mi concedo una pausa per asciugarmi gli occhi doloranti, che non vogliono smettere di lacrimare. Le righe che ho scritto sono forse troppo arzigogolate, ma non importa: mia moglie è un critico assai benevolo. La mia mano, lo vedo adesso, è chiazzata di muco secco e tradisce il tremito dell'estremo sfinimento. *Perdona la pessima calligrafia, ma un esercito in marcia non mette a disposizione nessun luogo tranquillo in cui riflettere e dedicarsi alla corrispondenza. (Spero che la mia cara scrittrice in erba trovi il tempo, tra tutte le sue utili incombenze, di usare il mio piccolo rifugio, e che i suoi amici topolini non soffrano per la breve assenza dal suo nido d'aquila.) E tuttavia, mentre sono seduto qui, al riparo di un grande albero, gli uomini occupati ad accendere i fuochi della cucina e a scambiarsi battute scherzose, in qualche modo mi sento in pace. Scrivo appoggiandomi allo scrittoio portatile che tu e le ragazze così premurosamente mi avete procurato e, benché la mia riserva di inchiostro sia agli sgoccioli, non devi darti pena di inviarmene altro, perché uno degli uomini mi ha insegnato un'ingegnosa ricetta per un surrogato accettabile, confezionato con le ultime more dell'anno. In questo modo sono in grado di inviarti tante "dolci parole"!*
Ricordi i risvolti marmorizzati dello Spenser, quello che ero solito leggerti nelle fredde serate d'autunno simili a questa? Se li richiami alla mente, mia carissima, anche tu potrai vedere il tramonto come lo vedo io qui, stasera, i colori che turbinano per l'ampia volta celeste in tale, felice profusione!

Si comincia a delineare la personalità del personaggio (che nel romanzo di origine, *Piccole donne*, rimane in secondo piano) attraverso una presentazione indiretta.

Anche il sangue, spargendosi nei gorghi fangosi del fiume rimestati dagli stivali, formava un disegno simile a quei bei risvolti. O, ancor meglio, sembrava lo sbruffo di inchiostro color carminio sulle assi di legno del pavimento, quando la mano impaziente della nostra piccola artista scuote il serbatoio della penna stilografica. Ma questo, naturalmente, non lo metto nella lettera. Le ho promesso di scriverle tutti i giorni qualcosa, e mi dedico a questa incombenza nei momenti in cui la mia mente è più turbata. Perché è come se, per un istante, lei fosse qui con me, e sento la sua mano posarmisi leggera e rassicurante sulla spalla. Eppure sono grato del fatto che non si trovi davvero accanto a me, che non veda ciò che io sono costretto a vedere, non sappia nulla di ciò che, mio malgrado, ho dovuto apprendere. E giustifico la censura che mi impongo con questa considerazione: non le ho mai promesso che le avrei scritto la verità. [...]

(da G. Brooks, *L'idealista*, Neri Pozza, Vicenza 2005)

ATTIVITÀ

Ecco un passo tratto dai *Promessi Sposi* (IX capitolo) di Alessandro Manzoni: la protagonista Lucia, per sfuggire ai soprusi, giunge al convento dove incontra Gertrude, la monaca di Monza, personaggio secondario ma tra i più enigmatici del romanzo.

Entrarono[1] in una stanza terrena, dalla quale si passava nel parlatorio: prima di mettervi il piede, il guardiano, accennando l'uscio, disse sottovoce alle donne: - è qui, - come per rammentar loro tutti quegli avvertimenti. Lucia, che non aveva mai visto un monastero, quando fu nel parlatorio, guardò in giro dove fosse la signora a cui fare il suo inchino, e, non iscorgendo persona, stava come incantata; quando, visto il padre e Agnese andar verso un angolo, guardò da quella parte, e vide una finestra d'una forma singolare, con due grosse e fitte grate di ferro, distanti l'una dall'altra un palmo; e dietro quelle una monaca ritta. Il suo aspetto, che poteva dimostrar venticinque anni, faceva a prima vista un'impressione di bellezza, ma d'una bellezza sbattuta, sfiorita e, direi quasi, scomposta [...]

Lucia parla delle vicende che l'hanno vista protagonista e spiega i motivi per cui è lì a invocare la protezione della monaca.

La signora[2], che, alla presenza d'un provetto cappuccino, aveva studiati gli atti e le parole, rimasta poi sola con una giovine contadina inesperta[3], non pensava più tanto a contenersi; e i suoi discorsi divennero a poco a poco così strani, che, in vece di riferirli, noi crediam più opportuno di raccontar brevemente la storia antecedente di questa infelice; quel tanto cioè che basti a render ragione dell'insolito e del misterioso che abbiam veduto in lei, e a far comprendere i motivi della sua condotta, in quello che avvenne dopo.
Era essa l'ultima figlia del principe ***, gran gentiluomo milanese, che poteva contarsi tra i più doviziosi della città. [...]

1 **Entrarono**: soggetto della frase sono Lucia, protagonista del romanzo, sua madre Agnese e il frate che le accompagna.
2 **La signora**: Gertrude, la monaca di Monza.
3 **giovine contadina inesperta**: Lucia.

Il narratore racconta a questo punto la storia di Gertrude, digressione che, pur restando all'interno dell'opera principale, potrebbe sembrare un moderno esperimento di *spin-off*.

A OGNUNO LA SUA STORIA

1. Ricava dal testo i motivi che hanno spinto l'autore a raccontare la storia di Gertrude e gli argomenti di cui tratterà.
2. Scegli un romanzo a tuo piacere in cui siano presenti vari personaggi secondari: concentrati su uno di essi (di cui si sa poco o niente) e crea uno *spin-off*, immaginando una storia (precedente, posteriore, parallela a quella narrata nel romanzo principale) che lo veda come protagonista (pertanto dovrai creare o approfondire la caratterizzazione del personaggio). Come fa Alessandro Manzoni nel brano che hai letto, spiega in un'introduzione i motivi che ti hanno spinto a raccontare questa storia.

7. DIVERSE ANGOLAZIONI

TECNICA: MODIFICARE NARRATORE E PUNTO DI VISTA

In un testo narrativo, se modifichiamo il narratore e il punto di vista possiamo "riscrivere" la storia da una differente angolazione, scoprendo inediti dettagli e una lettura sempre nuova.

Il **narratore**, ovvero la voce che racconta la storia, può essere:
- interno (è uno dei personaggi della storia e racconta gli eventi in prima persona);
- esterno (non è uno dei personaggi e parla in terza persona).

Il **punto di vista** o **focalizzazione**, ovvero la prospettiva da cui la vicenda viene raccontata, può essere:
- zero, se la storia è narrata dal punto di vista di un narratore esterno onnisciente che quindi conosce tutte le azioni e i pensieri di tutti i personaggi e interviene con commenti e giudizi;
- esterna, se la storia è narrata da un punto di vista esterno: il narratore si limita a registrare, in modo oggettivo, le azioni e le parole dei personaggi, non ne conosce i pensieri, i conflitti interiori e le motivazioni intime:
- interna, se i fatti sono filtrati dal punto di vista di uno (focalizzazione fissa) o più personaggi (focalizzazione multipla) e il narratore racconta solo quello che il personaggio sa, vede, pensa.

Ecco un brano tratto dal capitolo iniziale del romanzo *I promessi sposi* di Alessandro Manzoni:

Il narratore è esterno e racconta i fatti in terza persona.

Per una di queste stradicciole, tornava bel bello dalla passeggiata verso casa, sulla sera del giorno 7 novembre dell'anno 1628, don Abbondio, curato d'una delle terre accennate di sopra: il nome di questa, né il casato del personaggio, non si trovan nel manoscritto, né a questo luogo né altrove. Diceva tranquillamente il suo ufizio, e talvolta, tra un salmo e l'altro, chiudeva il breviario, tenendovi dentro, per segno, l'indice della mano destra, e, messa poi questa nell'altra dietro la schiena, proseguiva il suo cammino, guardando a terra, e buttando con un piede verso il muro i ciottoli che facevano inciampo nel sentiero: poi alzava il viso, e, girati oziosamente gli occhi all'intorno, li fissava alla parte d'un monte, dove la luce del sole già scomparso, scappando per i fessi del monte opposto, si dipingeva qua e là sui massi sporgenti, come a larghe e inuguali pezze di porpora. Aperto poi di nuovo il breviario, e recitato un altro squarcio, giunse a una voltata della stradetta, dov'era solito d'alzar sempre gli occhi dal libro, e di guardarsi dinanzi: e così fece anche quel giorno. Dopo la voltata, la strada correva diritta, forse un sessanta passi, e poi si divideva in due viottole, a foggia d'un ipsilon: quella a destra saliva verso il monte, e menava alla cura: l'altra scendeva nella valle fino a un torrente; e da questa parte il muro non arrivava che all'anche del passeggiero. I muri interni delle due viottole, in vece di riunirsi ad angolo, terminavano in un tabernacolo, sul quale eran dipinte certe figure lunghe, serpeggianti, che finivano in punta, e che, nell'intenzion dell'artista, e agli occhi degli abitanti del vicinato, volevan dir fiamme; e, alternate con le fiamme, cert'altre figure da non potersi descrivere, che volevan dire anime del purgatorio: anime e fiamme a color di mattone, sur un fondo bigiognolo, con qualche scalcinatura qua e là. Il curato, voltata la stradetta, e dirizzando, com'era solito, lo sguardo al tabernacolo, vide una cosa che non s'aspettava, e che non avrebbe voluto vedere. Due uomini stavano, l'uno dirimpetto all'altro, al confluente, per dir così, delle due viottole: un di costoro, a cavalcioni sul muricciolo basso, con una gamba spenzolata al di fuori, e l'altro piede posato sul terreno della strada; il compagno, in piedi, appoggiato al muro, con le braccia incrociate sul petto. L'abito, il portamento, e quello che, dal luogo ov'era giunto il curato, si poteva distinguer dell'aspetto, non lasciavan dubbio intorno alla lor condizione. Avevano entrambi intorno al capo una reticella verde, che cadeva sull'omero sinistro, terminata in una gran nappa, e dalla quale usciva sulla fronte un enorme ciuffo: due lunghi mustacchi arricciati in punta: una cintura lucida di cuoio, e a quella attaccate due pistole: un piccol corno ripieno di polvere, cascante sul petto, come una collana: un manico di coltellaccio che spuntava fuori d'un taschino degli ampi e gonfi calzoni: uno spadone, con una gran guardia traforata a lamine d'ottone, congegnate come in cifra, forbite e lucenti: a prima vista si davano a conoscere per individui della specie de' *bravi*.

Questa specie, ora del tutto perduta, era allora floridissima in Lombardia, e già molto antica. Chi non ne avesse idea, ecco alcuni squarci autentici, che potranno darne una bastante de' suoi caratteri principali, degli sforzi fatti per ispegnerla, e della sua dura e rigogliosa vitalità.

Il narratore conosce non solo le azioni, ma anche i pensieri del personaggio.

Il narratore conosce azioni e pensieri anche degli altri personaggi (come sarà dimostrato nello svolgimento del romanzo) e interviene con propri commenti, riflessioni, giudizi: la focalizzazione è zero.

Ti proponiamo adesso la lettura di un racconto di Carlo Lucarelli, *Il silenzio dei musei*:

Avete mai sentito il silenzio di un museo? Non quello dei cartelli appesi al muro, rotto dallo scalpiccìo, dai sussurri, dai colpi di tosse, dal ronzare delle macchine fotografiche che si ricaricano di nascosto, ma quello vero, quello dell'orario di chiusura. Dalle nove alle cinque non è silenzio, è rumore sommesso, represso, chiasso ipocrita, ma dopo, dopo che sono passate anche le donne delle pulizie, dopo che le porte si sono chiuse e anche i cancelli, allora è il silenzio dei musei. Che non è un silenzio vuoto, di cose che dormono, ma un silenzio vivo, di cose che si svegliano.

Avete mai sentito quanti rumori ci sono in un museo chiuso? Sono tanti, tutti diversi e ognuno potrebbe essere scritto con una lettera, racchiuso in un simbolo e disegnato, come un ideogramma. Io lo so, sto lì da tanti anni, dietro al tavolo del custode e non ho niente altro da fare che ascoltare, fissare il buio e ascoltare, dalle sei di sera alle otto di mattina.

Ci sono le cornici dei quadri, per esempio, o anche gli infissi delle bacheche o delle finestre, che con la variazione di temperatura tirano e scricchiolano, con

Il narratore è interno e racconta i fatti in prima persona, anche se non sappiamo ancora di chi si tratti.

I fatti sono "filtrati" dal punto di vista del personaggio narratore: il lettore conosce solo quello che lui sa. Questo accade spesso nel racconto giallo: così infatti il lettore può immedesimarsi nel personaggio e scoprire poco a poco la verità.

la *erre*, scr*rr*icchiolano. Poi ci sono le tele, le tende e tutte le stoffe dei vestiti nelle teche e quelle che ricoprono i mobili antichi, soprattutto i letti… quelle frusciano, con la *effe*, *fff*rusciano. E le molle, quelle dei divani, si te*nnn*dono, *enne*. E l'impianto di sicurezza, quando si accende periodicamente, *esse*: *sss*ibila. Io li sento tutti i rumori, non ho nient'altro da fare… e li riconosco, sempre. Per questo quella *ci*, così netta, così tronca, *clic*, la notai subito e mi fece alzare la testa, a girare gli occhi nel buio. Sembrava un taglio, un taglio di forbici e infatti la seconda volta lo sentii bene che non era proprio un *clic*, no, ma un *tric*, schiacciato, come di metallo su gomma che si allunga e forza finché non incontra la resistenza del rame. *Tric*. E subito, l'impianto di sicurezza cessò di colpo.

Una luce improvvisa, nel buio, è come se facesse rumore, anche se è la luce sottile e diretta di una torcia elettrica. Quella luce aveva rumore di passi di gomma, cauti, lenti, come quelli di un gatto e un soffio di voce, dietro: – Fa' piano. Scorreva veloce sul vetro delle bacheche, sulle pareti biancastre, sulla patina lucida delle tele dipinte e quando scivolava via sembrava che il buio fosse ancora più buio. Ma passò accanto, senza toccarmi e io attesi. Se non mi avevano visto non si erano accorti di me.

Erano due, pensai all'inizio, poi entrò anche il terzo, fermo sull'atrio, illuminato a metà dalla luce esterna del cortile e fu con quella che vidi la pistola. Gli altri, nel salone, erano solo due sagome grigie che si muovevano curve sul nero, finché una non si fermò a reggere la torcia e l'altra entrò nel cono di luce e fu con quella che vidi il coltello. La tela che cede sotto la lama di un cutter fa un rumore straziante per chi sa sentirlo. È come se ogni filo della fibra lanciasse un gemito breve, da gola tagliata, più sottile quando il rasoio segue la verticale del quadro, più grosso in orizzontale e duro, agghiacciante come un osso rotto quando tocca la cornice. Tagliavano la *Vergine Inviolata* e solo dal nome già sembrava un atto blasfemo. Mi mossi, silenzioso, nel buio.

– C'è qualcuno… ho sentito un rumore.

L'occhio luminoso della torcia tagliò il buio fino alla scrivania, alla targhetta custode e si fermò rotondo sullo schienale della sedia vuota.

– Che c'è? – chiese quello con la pistola.

La torcia si mosse, a passi attenti, di suola di gomma. Veniva verso la sala piccola, lasciando che il buio risucchiasse il salone, con quello col coltello e la *Vergine Inviolata* ripiegata su se stessa, arrotolata su un angolo ancora attaccato alla cornice. La luce varcò la soglia, tra il portacenere a colonna e la colonna con l'urna di cenere etrusca ed entrò nella stanza, a frugare le pareti. Poi la torcia mi vide e senza un gemito, neppure un soffio, si schiacciò per terra con un *ciack* spesso, di vetro grosso.

Buio.

– Cosa fai?

La voce era una voce e non più un sussurro e vibrava nella gola, di paura. Un attimo e mi mossi ancora, oltre la soglia, di nuovo nel salone, dietro alla corda di canapa gialla che chiudeva il divano sul ballatoio. Nessun fruscìo sulla striscia rossa del tappeto. La pedana di legno che alzava il divano non scricchiolò.

– Guarda che se è uno scherzo… oh, giuro, se è uno scherzo, io…

Camminava lungo la corda, per indovinare la direzione. La sentivo vibrare sotto le sue dita e forse, non so, ma forse tremava. Volevo un urlo, così lasciai che la mano si avvicinasse, scorrendo sulla canapa e quando la sentii vicina, sempre più vicina, non mi allontanai.

Urlò, forte.

Quello con la pistola si piegò sulle ginocchia, stendendo le braccia nel buio. La paura gli ghiacciò le gambe e la gola e il dito sul grilletto. Non sparò perché non c'era niente a cui sparare se non la sagoma sottile di una corda di canapa che ondeggiava nel buio. Quando riuscì a muovere la lingua fece uno schiocco contro il palato e un gorgoglìo di gola mentre si alzava strappando sulle ginocchia. Si voltò per scappare e quando si voltò incontrò me.

– Ci hanno provato anche stavolta... guarda qua ci sono i fili dell'allarme tagliati.

– Glielo dico sempre, io, alla sovrintentenza... qua ci vuole un guardiano notturno, altro che storie. Fortuna che non portano via mai niente.

Sono le nove il museo ha perso di nuovo il suo silenzio. Tra i tanti rumori che mi circondano quello che mi infastidisce di più è lo scatto isterico delle macchine fotografiche che mi inquadrano di nascosto. Sono uno dei quadri più fotografati, *Il Boia*, alto e impotente, con le mani strette sulla spada insanguinata. Quello che mi stupisce è che con tanti turisti che mi fotografano, nessuno si sia mai accorto del mucchio di teste nella cesta alle mie spalle. Che si alza, ogni volta, un pochino di più.

Il finale a sorpresa rivela l'identità del narratore.

(da C. Lucarelli, *Il silenzio dei musei*, in AA.VV., *Ma questa è un'altra storia. Voci, vicende e territori della cultura in Emilia Romagna (1978-2008)*, Bononia University Press, Bologna 2008)

IL GENERE POLIZIESCO: GIALLO, NOIR E THRILLER

Il giallo classico (la denominazione deriva dalla scelta dell'editore Mondadori, a partire dagli anni Trenta del XX secolo, di utilizzare questo colore per la copertina di romanzi polizieschi) si basa su uno schema ricorrente:

- un mistero (delitto, furto, scomparsa di una persona ecc.);
- l'indagine attraverso la raccolta di indizi da parte di un detective;
- la risoluzione del caso grazie alle deduzioni logiche del detective.

Inoltre:

- si prediligono ambienti chiusi;
- il lavoro del detective è prevalentemente basato sulla logica, senza elementi di azione.

Esistono poi varianti e sottogeneri del giallo classico con proprie caratteristiche:

- il noir, caratterizzato da atmosfere torbide e tenebrose, personaggi ambigui, ambienti malavitosi e violenti;
- il thriller, che fa uso della suspence e del colpo di scena per suscitare nel lettore emozioni forti; presenta un narratore spesso interno e un intreccio non coincidente con la fabula, ricco di flashback e anticipazioni.

In Italia, a partire dagli anni Novanta, c'è stata una vera e propria esplosione del genere giallo, con una produzione quanto mai variegata che si allontana sempre più dallo schema classico, con una continua sperimentazione e contaminazione di varianti, generi e sottogeneri (noir, thriller, giallo psicologico ecc.)

ATTIVITÀ

DIPENDE DAI PUNTI DI VISTA

1. Riscrivi il racconto di Lucarelli che hai letto utilizzando un diverso narratore e punto di vista.
2. Leggi adesso l'articolo di cronaca che trovi di seguito e riscrivilo sotto forma di racconto giallo sull'esempio del racconto di Lucarelli: il narratore dovrà essere la testa di bronzo oggetto del furto, che racconterà l'accaduto dal suo punto di vista.

Svita una testa in bronzo al Museo del Novecento e cerca di scappare

Ha svitato da un piedistallo un'opera di bronzo custodita al Museo del Novecento di Firenze e ha cercato di mettersela in borsa provando a guadagnare l'uscita come un visitatore qualunque. Il colpo però non è riuscito al pensionato, un uomo di 75 anni, di Grosseto, che è stato intercettato dalla sicurezza e bloccato all'interno del museo. Sul posto è poi intervenuta la polizia. Le telecamere hanno infatti ripreso il tentativo di furto e hanno bloccato l'uomo (già conosciuto dalle forze dell'ordine). "Stava meglio a casa mia questa testa" ha fatto in tempo a dire. Qualche ora più tardi ha raccontato di essersi innamorato di quel volto di bronzo, per questo ha tentato di rubarlo al museo e portarselo a casa. L'uomo sostiene di essere un ex giudice di pace, la polizia lo conosce per due precedenti: nel febbraio 2014 ha danneggiato un portone antipanico del tribunale di Grosseto e lo scorso 3 febbraio ha sparato contro i vetri di un'abitazione.

La testa oggetto del furto è un'opera in bronzo di Marino Mazzacurati, una testa "Ritratto di Walter Conadin". Era nella sezione 12 dedicata a Ottone Rosai e fa parte della collezione civica. Il furto è avvenuto alle ore 10,30. L'uomo, cappotto beige, un cappello marrone e una borsa di pelle è stato fra i primi visitatori a entrare questa mattina al museo del Novecento in piazza Santa Maria Novella. Secondo una prima stima l'opera ha un valore stimato fra i 10mila e i 20mila euro.

(da www firenze.repubblica.it, 10/3/2015)

8. CHI BEN COMINCIA...

TECNICA: CREARE INCIPIT E EXCIPIT

In ogni testo narrativo rivestono un'enorme importanza l'**incipit**, ovvero l'inizio, e l'**excipit**, cioè il finale, in quanto devono essere avvincenti e convincenti, in grado di destare la curiosità nel lettore e la sorpresa e soddisfazione nella lettura.
Esistono tipologie ricorrenti e tecniche di scrittura a cui possiamo ricorrere per creare un incipit e un excipit efficaci.

Scrivere l'incipit

Si può cominciare un romanzo o un racconto:

- con una domanda che coinvolga il lettore e solleciti la sua curiosità:

> Cosa succede alle persone cosiddette normali quando incontrano di colpo un matto che urla o le investe di un delirio incomprensibile? Quando vedono qualcuno crollato a terra, o inchiodato da uno spasmo sui gradini di una chiesa? Dopo l'incontro restano immobili, con un'espressione di disagio, di paura o di stordimento. Ma il loro volto è cambiato, è come se fossero state fotografate da una luce accecante, scuotono la testa, parlano da sole, per un attimo anche la loro normalità sembra incrinata. Cos'hanno visto nel lampo di quella luce, quale paesaggio, quale specchio, quale verità insostenibile che dimenticheranno subito dopo, ma la cui immagine resterà per sempre, in qualche recesso buio del loro cuore, nella biblioteca in fiamme della loro vita?
>
> (S. Benni, *Achille piè veloce*)

- con un dialogo tra personaggi o un discorso diretto:

> – Natale non sarà Natale senza regali, – brontolò Jo, stesa sul tappeto.
> – Brutto guaio essere poveri, – commentò con un sospiro Meg facendo scivolare lo sguardo sul suo vecchio vestito.
> – È un'ingiustizia, dico io, che tante ragazze abbiano un sacco di belle cose e altre niente, – aggiunse la piccola Amy, tirando su col naso per il dispetto.
> – Abbiamo il papà e la mamma, però, e ciascuna di noi ha tre sorelle, – disse Beth dal suo angolino con aria soddisfatta.
> Le sagge parole della ragazzina rischiararono i quattro giovani visetti su cui guizzava a tratti il riverbero del fuoco acceso nel caminetto, ma subito le espressioni tornarono a incupirsi quando Jo riattaccò in tono amaro: – Veramente il papà non ce l'abbiamo, al momento. E non lo avremo per molto tempo ancora.
> Non disse «forse mai piú», ma quel pensiero passò lo stesso nella mente di ognuna di loro perché il papà era lontano e sui campi di battaglia.
>
> (L. May Alcott, *Piccole donne*)

- con un'anticipazione o un flashback:

> Molti anni dopo, di fronte al plotone di esecuzione, il colonnello Aureliano Buendìa si sarebbe ricordato di quel remoto pomeriggio in cui suo padre lo aveva condotto a conoscere il ghiaccio. Macondo era allora un villaggio di venti case d'argilla e di canna selvatica, costruito sulla riva di un fiume dalle acque diafane che rovinavano per un letto di pietre levigate, bianche ed enormi come uova di dinosauro.
>
> (G. García Márquez, *Cent'anni di solitudine*)

- con un'immagine suggestiva o misteriosa:

  Era notte inoltrata quando l'agente Joseph Tinbane, mentre faceva un giro di perlustrazione nei pressi di un cimitero molto piccolo e fuori mano a bordo della sua aeromobile, udì suoni lamentosi e familiari. Una voce. Si diresse subito sul posto con l'aeromobile, sorvolando i ferri acuminati del malridotto cancello del cimitero, discese dalla parte opposta, e si mise in ascolto.
  La voce, soffocata e debole, diceva: "Mi chiamo Tilly M. Benton, e voglio uscire. Qualcuno mi sente?"
  L'agente Tinbane puntò la sua torcia. La voce veniva dall'erba. Come aveva immaginato, la signora Benson era sottoterra.

  (P.K. Dick, *In senso inverso*)

  Era una notte meravigliosa, una notte come forse ce ne possono essere soltanto quando siamo giovani, amabile lettore. Il cielo era così pieno di stelle, così luminoso che, gettandovi uno sguardo, senza volerlo si era costretti a domandare a se stessi: è mai possibile che sotto un cielo simile possa vivere ogni sorta di gente collerica e capricciosa? Anche questa è una domanda da giovani, amabile lettore, molto da giovani, ma voglia il Signore mandarvela il più sovente possibile nell'anima! ... Parlando d'ogni sorta di signori capricciosi e collerici, non ho potuto fare a meno di rammentare anche la mia saggia condotta in tutta quella giornata.

  (F. Dostoevskij, *Le notti bianche*)

- con una frase ad effetto:

  Tutte le famiglie felici sono simili fra loro, ogni famiglia infelice è infelice a modo suo.

  (L. Tolstoj, *Anna Karenina*)

- *in medias res*, cioè entrando subito in argomento:

  Stavo per superare Salvatore quando ho sentito mia sorella che urlava. Mi sono girato e l'ho vista sparire inghiottita dal grano che copriva la collina.

  (N. Ammaniti, *Io non ho paura*)

Scrivere l'excipit

Una buona conclusione non deve mai essere scontata: deve lasciare il lettore soddisfatto della lettura, congedandosi da lui senza deluderlo. Vediamo alcuni tipi di excipit:

- finale "chiuso": la conclusione della storia risponde a tutti gli interrogativi posti durante la lettura e chiude tutti gli sviluppi narrativi aperti durante la storia: la "vita narrativa" di ogni personaggio si conclude:

  Lucia però, non che trovasse la dottrina falsa in sé, ma non n'era soddisfatta; le pareva, così in confuso, che ci mancasse qualcosa. A forza di sentir ripetere la stessa canzone, e di pensarci sopra ogni volta, – e io, – disse un giorno al suo moralista, – cosa volete che abbia imparato? Io non sono andata a cercare i guai: son loro che sono venuti a cercar me. Quando non voleste dire, – aggiunse, soavemente sorridendo, – che il mio sproposito sia stato quello di volervi bene, e di promettermi a voi.

  La conclusione riprende e sintetizza il messaggio del testo, chiudendo le avventure dei personaggi.

  Renzo, alla prima, rimase impicciato. Dopo un lungo dibattere e cercare insieme, conclusero che i guai vengono bensì spesso, perché ci si è dato cagione; ma che la condotta più cauta e più innocente non basta a tenerli lontani; e che quando vengono, o per colpa o senza colpa, la fiducia in Dio li raddolcisce, e li rende utili per una vita migliore. Questa conclusione, benché trovata da povera gente, c'è parsa così giusta, che abbiam pensato di metterla qui, come il sugo di tutta la storia.
  La quale, se non v'è dispiaciuta affatto, vogliatene bene a chi l'ha scritta, e anche un pochino a chi l'ha raccomodata. Ma se in vece fossimo riusciti ad annoiarvi, credete che non s'è fatto apposta.

  (A. Manzoni, *I promessi sposi*)

Più spesso, in un testo narrativo, la conclusione deve anche riuscire a mantenere vivo il legame del lettore con i personaggi della storia: per questo possiamo ricorrere ad alcune tecniche per suscitare in chi legge curiosità e incessante interesse.

- finale aperto: la conclusione è lasciata in sospeso e si lascia immaginare un seguito della vicenda, quasi chiedendo al lettore di collaborare alla costruzione della storia:

  Correva, con gli occhi sgranati, vedendo pochissimo della terra e nulla del cielo. Era perfettamente conscio della solitudine, del silenzio, della pace, ma ancora correva, facilmente, irresistibilmente. Poi gli si parò davanti un bosco e Milton vi puntò dritto. Come entrò sotto gli alberi, questi parvero serrare e far muro e a un metro da quel muro crollò.

  (B. Fenoglio, *Una questione privata*)

La chiusura lascia in sospeso la storia: il verbo *crollò* è ambiguo e non sappiamo se il protagonista Milton, giovane universitario che si è unito ai partigiani, muore oppure no.

- finale a sorpresa: la storia si chiude in modo totalmente inaspettato, con un colpo di scena o con un fatto totalmente imprevisto, di cui sono lasciati nel corso della narrazione alcuni indizi a cui, durante la lettura, non si è fatto molto caso.

  La sentinella

  Era bagnato fradicio e coperto di fango e aveva fame freddo ed era lontano 50mila anni-luce da casa. Un sole straniero dava una gelida luce azzurra e la gravità doppia di quella cui era abituato, faceva d'ogni movimento un'agonia di fatica. Ma dopo decine di migliaia d'anni, quest'angolo di guerra non era cambiato. Era comodo per quelli dell'aviazione, con le loro astronavi tirate a lucido e le loro superarmi; ma quando si arriva al dunque, tocca ancora al soldato di terra, alla fanteria, prendere la posizione e tenerla, col sangue, palmo a palmo. Come questo fottuto pianeta di una stella mai sentita nominare finché non ce lo avevano mandato. E adesso era suolo sacro perché c'era arrivato anche il nemico. Il nemico, l'unica altra razza intelligente della galassia... crudeli schifosi, ripugnanti mostri.

  Il primo contatto era avvenuto vicino al centro della galassia, dopo la lenta e difficile colonizzazione di qualche migliaio di pianeti; ed era stata subito guerra; quelli avevano cominciato a sparare senza nemmeno tentare un accordo, una soluzione pacifica. E adesso, pianeta per pianeta, bisognava combattere, coi denti e con le unghie.

  Era bagnato fradicio e coperto di fango e aveva fame, freddo e il giorno era livido e spazzato da un vento violento che gli faceva male agli occhi. Ma i nemici tentavano di infiltrarsi e ogni avamposto era vitale.

  Stava all'erta, il fucile pronto.

  Lontano 50mila anni-luce dalla patria, a combattere su un mondo straniero e a chiedersi se ce l'avrebbe mai fatta a riportare a casa la pelle.

  E allora vide uno di loro strisciare verso di lui. Prese la mira e fece fuoco. Il nemico emise quel verso strano, agghiacciante, che tutti loro facevano, poi non si mosse più. Il verso, la vista del cadavere lo fecero rabbrividire. Molti, col passare del tempo, s'erano abituati, non ci facevano più caso; ma lui no. Erano creature troppo schifose, con solo due braccia e due gambe, quella pelle d'un bianco nauseante e senza squame.

  (da F. Brown, *Tutti i racconti* (1950-1972), Mondadori, Milano 1992)

Il finale è a sorpresa: solo adesso si capisce che la storia è raccontata dal punto di vista di un alieno e il "nemico" è l'uomo.

LA SCELTA DEL TITOLO

Il *titolo* è una parola o una breve frase che "presenta" il testo. Non deve mai essere banale.

Può indicare in forma sintetica l'argomento, riferendo in modo oggettivo il contenuto del testo, ma più spesso fa ricorso alla fantasia e a un uso creativo della lingua per suscitare la curiosità del lettore e invogliarlo a leggere.

ATTIVITÀ

Fernando Ampuero, *Voci*

Juan Ramón decise di ricostruire la scena di quella visita proprio come una rappresentazione teatrale. O così, almeno, io l'immaginai: la donna e il bambino, seduti composti di fronte alla sua elegante scrivania di mogano; lui, in camice bianco immacolato, mentre prendeva appunti in una nuova scheda.

– Non so che fare con mio figlio, dottore – disse lei –. Ma spero che lei mi aiuti a risolvere il problema.

– Problema di gola o di udito?

– Di udito.

– Che cos'ha?

– Non sente bene, dottore. O meglio. Può sentire alcune cose e altre non le sente... Al principio, naturalmente, ho pensato che si comportasse così per pura maleducazione. Ma adesso, non so come dire... mi sembra che ci siano cose che davvero non riesce a sentire.

Il bambino, muto e con le manine intrecciate, guardava di sottecchi sua madre. Juan Ramón stava per proseguire il suo colloquio preliminare di routine, ma si fermò. E impulsivamente si alzò dal suo posto e si avvicinò al bambino, per sussurrargli qualcosa all'orecchio. Poi gli chiese:

– Hai sentito quello che ti ho detto?

– Sì – mormorò il bambino.

– Che ti ho detto?

– Mi ha detto: "I nanetti hanno le gambe rosse".

Juan Ramón gli fece l'occhiolino:

– È giusto – disse e, volgendosi verso la madre, assicurò: – Non è un problema di abbassamento di udito.

Il bambino gli pareva normale nelle sue reazioni alla conversazione che i tre stavano sostenendo, ma a tratti lo percepiva ostile e perfino timoroso. Come se lo infastidissero, come se non gli piacesse il mondo degli adulti. Comunque, Juan Ramón sapeva benissimo che, perché potesse formulare un'ipotesi, occorrevano altre prove: esaminarlo con il videotoscopio e fargli un'audiometria. E per questo gli sarebbe occorso un certo tempo. Andò senza indugio in un angolo dell'ambulatorio, per apprestare gli strumenti. E intanto, proseguì distrattamente il suo colloquio, sgranando domande, raccogliendo ogni sorta di dati sul suo giovane paziente.

La donna, molto diligente, dava le risposte. Il bambino non soffriva di malattie croniche, non aveva mai avuto l'otite, non ascoltava musica nel walkman e nella famiglia non c'erano precedenti di sordità. Juan Ramón andava scartando le possibili cause a ogni risposta. Fino a quando, in una di queste, la donna si lasciò sfuggire qualcosa che non c'entrava. Affermò che il padre del bambino, da cui era divorziata e che non vedeva da due anni, aveva i piedi piatti e che suo figlio aveva ereditato questa spiacevole malformazione. Juan Ramón drizzò le orecchie, come se questo commento fosse pieno di segreti e s'accorse che il bambino si guardava i piedi. Poi, concentrandosi un'altra volta, o fingendo di concentrarsi sulla connessione del cavo della lampadina, tossicchiò lievemente.

– C'è una domanda che non le ho fatto – disse allora, lentamente – Può dirmi che cosa suo figlio sente e che cosa non sente?

La donna sollevò il mento per rispondere.
Quel che sente non ha importanza, dottore. Sente perfettamente la televisione, i rumori della strada, lei o me quando parliamo. Mi preoccupa invece quello che non sente. Non obbedisce mai a quello che gli dice mia madre, e neppure a quello che gli dice mio padre – e rivolgendosi al bambino – è vero quel che dico o no?
– Sì – disse il bambino, imbronciato.
– E perché non lo fai? – insistette la donna.
– Perché non li sento – disse il bambino.
– Vede, dottore. Dice che non li sente.
Juan Ramón si vide costretto a intervenire.
– Perché non senti i tuoi nonni? – indagò –. Forse parlano a voce molto bassa?
– Non lo so – disse il bambino.
– Non vai d'accordo con loro?
– Non lo so – ripeté –. Non li sento.
La donna scosse energicamente la testa, come per far capire che tutto quello che stava capitando a suo figlio la inquietava molto.
Nell'intento di calmarla, Juan Ramón si rivolse questa volta a lei.
– E lei vive da molto con i suoi genitori? – chiese.
– Sì, da quando ho divorziato – disse lei –. Quando ho divorziato, sono tornata alla casa dei miei genitori. Sarà successo tre mesi prima dell'incidente.
– Quale incidente?
– L'incidente dei miei genitori – la donna parlava ora con più calma. Suo figlio, che non si guardava più i piedi, aveva messo una manina sul grembo della madre.
– I miei genitori sono morti in quell'incidente orribile, quello dell'aereo che è caduto in mare, un anno fa.
Juan Ramón la osservò in silenzio, in preda a un leggero tremore, come se improvvisamente si fosse aperta una finestra lasciando entrare un vento gelato.
– Ma io parlo con loro tutti i giorni, dottore – proseguì –. All'ora di colazione, prima di uscire al lavoro, e anche la sera, prima di andare a dormire. In casa vediamo la televisione tutti insieme e chiacchieriamo animatamente per molto tempo. Ai miei genitori piace conversare. Ma il bambino... non ci fa neppure caso!

(F. Ampuero, *Mujeres difíciles, hombres benditos*, Alfaguara, Madrid 2005)

DALL'INIZIO ALLA FINE

1. Leggi il racconto di Fernando Ampuero, *Voci*, e identifica la tipologia di incipit ed excipit presenti. Poi "riscrivi" il racconto dandogli un nuovo significato attraverso un nuovo incipit e soprattutto una nuova conclusione.
2. Ti forniamo i dati (secondo la scaletta delle 5W e 1H del giornalismo anglosassone) per una storia che dovrai inventare, curando in particolare incipit ed excipit.
   WHO: un gruppo di ragazzi. • WHEN: estate. • WHERE: campagna / casolare abbandonato pieno di vecchie scarpe. • WHY: sorpresi da un temporale i ragazzi trovano riparo nel vecchio casolare abbandonato. • WHAT: in attesa della fine del temporale girano per le stanze del casolare e si provano quelle vecchie scarpe – dopo qualche minuto uno di loro scompare misteriosamente. • HOW: che cosa decidono di fare?

- Attribuisci dei nomi a questi personaggi.
- Dai un titolo alla storia.

ESPRIMERSI IN VERSI

1. IL SEGRETO IN UN NOME

TECNICA: ACROSTICO

L'acrostico è un tipo di componimento poetico in cui le iniziali di ciascun verso o parola, lette nell'ordine, formano una parola o una frase. Ha un'origine molto antica (i primi esempi risalgono a composizioni sacre babilonesi) e probabilmente aveva una funzione magica.
Si tratta dunque di un gioco linguistico che permette:

- di descrivere un soggetto:
  Meravigliosa
  Armonia
  Recante
  Emozioni
  (MARE)

- di trasmettere un messaggio, come nel caso dei patrioti italiani durante i moti del 1859:
  VIVA V.E.R.D.I = Vittorio Emanuele Re D'Italia.

L'acrostico può essere un modo ironico e divertente per descrivere qualcuno, o descriversi:

Puoi utilizzare esclusivamente aggettivi e avverbi.

S empre
I ronico
M aldestro
O ltremodo
N aturalmente
E stroverso

Puoi far riferimento a una caratteristica particolare, componendo una frase (soggetto, verbo, oggetto).

C oraggiosamente
A vventuroso
R icerca
L ontani
O rizzonti

Puoi scegliere di descrivere una specifica caratteristica fisica (come in questo caso) o caratteriale.

R iccioli
I mpertinenti
T rasmettono
A llegria

S ognatrice
I naspettatamente
L unatica
V olenterosa
I ncessantemente
A ltruista

A rtista
M isteriosamente
E clettica
L avora
I mmancabilmente
A cquarelli

ATTIVITÀ

1. Con l'acrostico del tuo nome prova a fornire una descrizione di te stesso. Poi fai lo stesso con una persona a tuo piacere.
Un suggerimento: per reperire vocaboli appropriati saranno strumenti indispensabili il *Vocabolario della lingua italiana* e il *Vocabolario dei sinonimi e contrari.*

2. QUANDO IL TESTO DIVENTA IMMAGINE

TECNICA: CALLIGRAMMA

Il calligramma è una composizione poetica in cui le parole sono disposte sulla pagina in modo da formare un'immagine che richiama alla mente il contenuto del testo. È una poesia visiva, che invita a essere guardata oltre che letta.
I primi esempi di questo particolare tipo di testo risalgono a tempi molto antichi e appartengono alla cultura induista e greca ellenistica (IV-III secolo a.C.); in seguito, il calligramma continuò a essere usato ma divenne protagonista nella poesia delle avanguardie all'inizio del XX secolo.

Sono famosi i calligrammi del poeta francese Guillaume Apollinaire (1880-1918) che dedicò a questa tecnica un'intera raccolta poetica (*Calligrammes*, 1918): le parole sono disposte in modo da disegnare il soggetto della poesia. Vediamo qualche esempio:

Il calligramma delinea la Torre Eiffel, come simbolo di Parigi, a cui è dedicato il componimento.

TOUR EIFFEL
Salut monde dont
Je suis la langue
Éloquente que ta
Bouche o Paris
Tire et tirera
Toujours
Aux allemands

TORRE EIFFEL
Ciao mondo di cui
io sono la lingua
eloquente che la tua
bocca o Parigi
tira e tirerà
sempre
ai tedeschi.

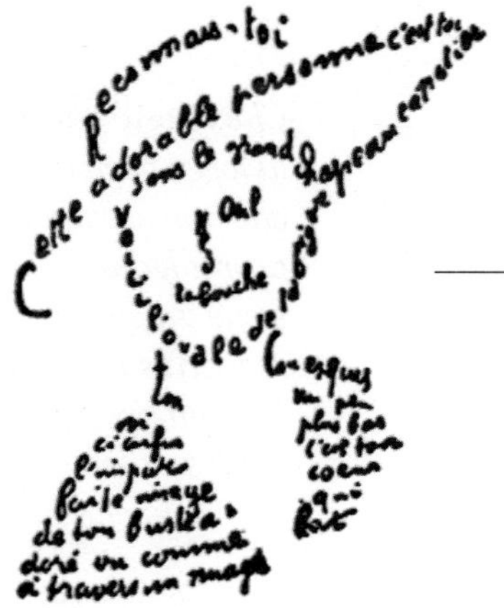

Il calligramma delinea un ritratto di persona.

POEMES A LOU
Reconnais-toi
Cette adorable personne c'est toi
Sous le grand chapeau canotier
Oeil
Nez
La bouche
Voici l'ovale de ta figure
Ton cou exquis
Voici enfin l'imparfaite image de ton buste adoré vu comme à travers un nuage
Un peu plus bas c'est ton coeur qui bat

VERSI PER LOU
Riconosciti
Questa adorabile persona sei tu
Sotto il grande cappello da canottiere
Occhio
Naso
La bocca
Ecco l'ovale del tuo viso
Il tuo collo bellissimo
Ecco infine l'immagine non completa del tuo busto adorato visto come attraverso una nuvola
Un po' più basso è il tuo cuore che batte

I calligrammi disegnano gli oggetti indicati nel titolo del componimento (Il mandolino, il garofano e il bambù).

LA MANDOLINE L'ŒILLET ET LE BAMBOU

Ô batailles la terre tremble une mandoline
COMME LA BALLE A TRAVERS LE CORPS
LE SON TRAVERSE la vérité car la RAISON
C'est ton Art femme.

IL MANDOLINO IL GAROFANO E IL BAMBÙ

O battaglie la terra trema come un mandolino
come il proiettile traversa il corpo
il suono attraversa la verità
poiché la ragione è la tua arte o donna.

Que cet œillet te dise
la loi des odeurs
qu'on n'a pas encore
promulguée
et qui viendra un jour
régner sur nos cerveaux
bien plus précise
et plus subtile
que les sons qui nous dirigent

Je préfère ton nez
à tous tes organes
ô mon amie

Il est le trône
de la future
SAGESSE

Ô nez de la pipe les odeurs-centre
Ô fourneau y forgent les chaînes.
Ô univers infiniment déliées qui
lient les autres raisons formelles.

Che questo garofano ti dica
la legge degli odori
che non si è ancora
promulgata
e che un giorno
regnerà sui nostri cervelli
ben più precisa
e più sottile
dei suoni che ci guidano

Io preferisco il tuo naso
a tutti i tuoi organi
o amica mia

È il trono
della futura
saggezza

O forma della pipa centro degli odori,
o fornello dove si forgiano le catene.
O universi infinitamente slegati che
legano tutte le altre ragioni formali.

Tra i poeti italiani che hanno sperimentato la poesia visiva c'è Corrado Govoni (1884-1965). Durante la sua adesione all'avanguardia futurista, Govoni ha creato un originale autoritratto, ispirandosi ai calligrammi:

Govoni ha scelto di creare un disegno stilizzato a cui abbinare parole che descrivono le varie parti del volto.

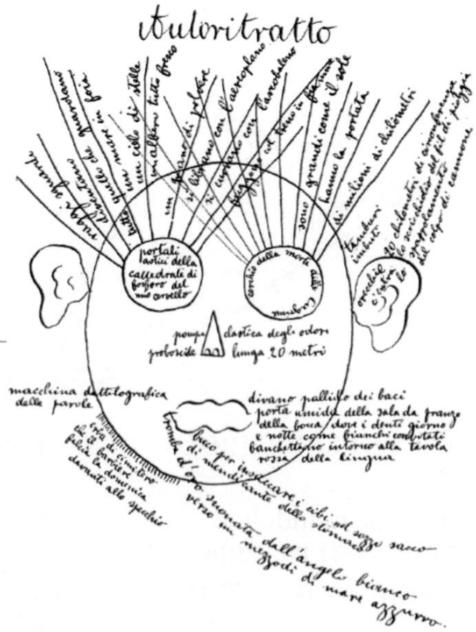

ATTIVITÀ

1. Crea un calligramma sui seguenti temi:
- musica;
- sport;
- capi d'abbigliamento.

2. Scegli una città che ami o una tua grande passione a cui dedicare una lode o un ringraziamento attraverso un calligramma.
Puoi prima provare a scrivere un brano in prosa in forma di calligramma, per "familiarizzare" con la tecnica. Ecco un esempio:

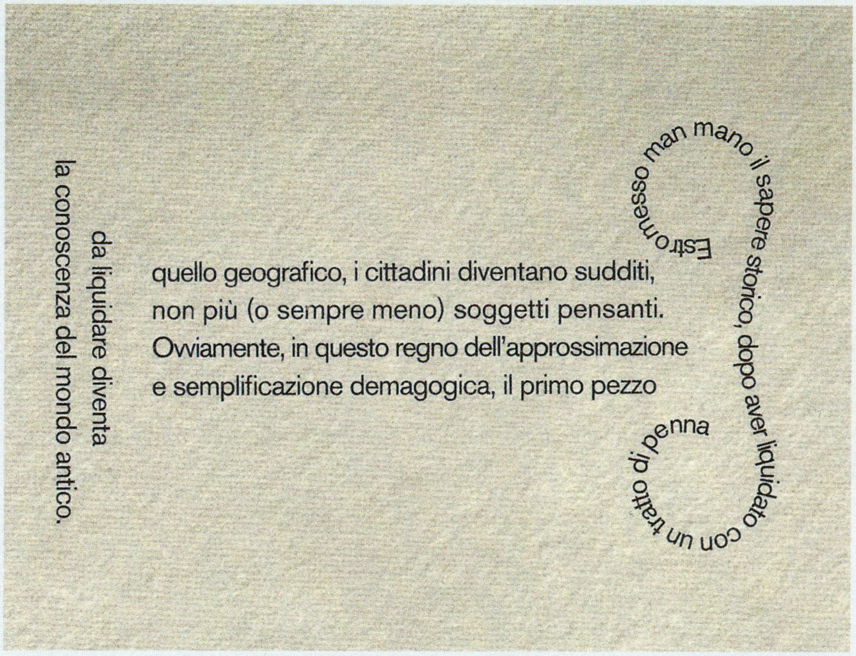

(da L. Canfora, *Gli antichi ci riguardano*, Il Mulino, Bologna 2014)

3. RIME IN GIOCO

TECNICA: LIMERICK

Il limerick è un componimento poetico che ha uno schema fisso e una totale libertà per quanto riguarda il contenuto e il senso del testo, tanto che la poesia può essere anche *nonsense*: l'obiettivo è colpire l'orecchio di chi ascolta, con un testo dal sapiente gioco fonico. Ecco lo schema:

1° verso: si presenta il personaggio principale.
2° verso: si delinea una caratteristica o qualità del personaggio / inizio dell'azione.
3° verso: sviluppo delle azioni / avventure.
4° verso: sviluppo delle azioni / avventure.
5° verso: conclusione e ripresa del 1 verso, con aggiunta di un brillante epiteto per il personaggio.

Fondamentali sono le rime:
1°-2° -5° verso: rimano tra loro, inoltre il 1° e 5° verso devono rimare attraverso un nome di luogo.
3°-4° verso: rimano tra loro.

Lo scrittore Gianni Rodari si è cimentato in divertenti limerick:

1° verso: si presenta il personaggio principale.

3° e 4° verso: sviluppo dell'azione / rimano tra loro.

Un signore molto piccolo di Como
una volta salì in cima al Duomo
e quando fu in cima
era alto come prima
quel signore micro piccolo di Como

2° verso: inizio dell'azione / rima con il 1° verso.

5° verso: conclusione e ripresa del 1° verso, con nuovo epiteto (*micro piccolo*) per il personaggio. Rima con il 1° verso attraverso un nome di luogo (*Como*).

(G. Rodari, *Le filastrocche del cavallo parlante*, Emme, Milano 1970)

ATTIVITÀ

1. Prendi spunto dai limerick proposti per scriverne di nuovi: immagina di dover preparare delle divertenti poesie da leggere in una classe di bambini della scuola primaria.

LE RIME

- Due versi sono in rima tra loro quando c'è identità di suono nella loro parole conclusive, cioè a partire dall'ultima vocale accentata;
- Le rime vengono convenzionalmente indicate con le lettere dell'alfabeto (A, B, C ecc.): le rime uguali saranno indicate con la stessa lettera.
  Vediamo un esempio, in cui lo schema delle rime è AABB:

Una volta un dottore di *Ferr**ara***	*l'ultima vocale accentata è la a (nella penultima sillaba: parola piana) / rima **A***
voleva levare le tonsille a una zanz**ara**.	*in rima con il primo verso (**ara**) / rima **A***
L'insetto si rivolt**ò**	*l'accento cade sulla o dell'ultima sillaba, quindi è anche segnato graficamente / rima **B***
e il naso puncic**ò**	*in rima con il verso precedente (**ò**) / rima **B***
a quel *tonsillitico* dottore di *Ferr**ara***.	*in rima con il primo e il secondo verso (**ara**) / rima **A***

- Esistono rime "più facili" e altre "più difficili": dipende dalla quantità di parole che possono avere le stesse terminazioni. Ad esempio, è più facile la rima in *are, ere, ire, ò, ù* ecc. perché in italiano esistono tante parole con questa terminazione.
- La rima conferisce una certa "atmosfera" alla poesia: le varie vocali e consonanti presenti nella rima trasmettono una diversa sensazione (per esempio suoni aperti e dolci in confronto a suoni chiusi e aspri). La scelta delle parole in rima è pertanto funzionale al messaggio che la poesia intende trasmettere.
- Infine, ricordiamo alcuni schemi di rime:

  AABB: rima **baciata**
  ABAB: rima **alternata**
  ABBA: rima **incrociata**
  ABC ABC: rima **ripetuta**
  ABA BCB CDC: rima **incatenata**

Per riflettere sulle potenzialità della rima leggi questa poesia di Giorgio Caproni:

Per lei
Per lei voglio rime chiare
usuali: in -are.
Rime magari vietate,
ma aperte: ventilate.
Rime coi suoni fini
(di mare) dei suoi orecchini.
O che abbiano, coralline,
le tinte delle sue collanine.
Rime che a distanza
(Annina era così schietta)
conservino l'eleganza
povera, ma altrettanto netta.
Rime che non siano labili,
anche se orecchiabili.
Rime non crepuscolari,
ma verdi, elementari.

(da G. Caproni, *Il seme del piangere*, 1959)

4. IL DONO DELLA SINTESI

TECNICA: HAIKU

Si tratta di un componimento poetico nato in Giappone nel XVII secolo. È in genere composto da tre versi, rispettivamente di 5, 7 e 5 more (ovvero unità di suono basate sulla quantità delle sillabe che, in alcune lingue, determinano l'accento).
È una poesia immediata e apparentemente semplice, senza titolo, che trae ispirazione dalla natura nelle diverse stagioni. Nello spazio conciso di tre versi, eliminando dunque ogni orpello, si descrive una scena intensa e suggestiva del mondo naturale, lasciando al lettore la possibilità di perdersi in quell'immagine e completarla di tutti i dettagli.
L'*haiku* deve essere in grado di suggellare, in modo incisivo, un'immagine e uno stato d'animo, attraverso una sapiente sintesi: la semplicità, come anticipato, è dunque solo apparente.

Vediamo alcuni esempi di autori giapponesi:

L'haiku "cattura" un'immagine della natura.

Nel vecchio stagno:
Una rana si tuffa.
Rumore d'acqua.
Matsuo Bashō (1644-1694)

Si possono associare diverse sfere sensoriali (qui vista e udito).

Descrizione attraverso una frase essenziale. Le sensazioni non sono "descritte" ma evocate dalle immagini e dalle parole utilizzate.

Il pruno bianco
ritorna secco.
Notte di luna.
Yosa Buson (1716-1783)

Descrizione attraverso una frase nominale. In genere nell'haiku si accostano due diverse idee o immagini.

In questo caso il poeta si rivolge a un elemento della natura (insetti).

Non piangete, insetti –
gli amanti, persino le stelle
devono separarsi
Kobayashi Issa (1763-1828)

Il riferimento alla stagione dell'anno è quasi sempre presente nell'haiku.

Luna estiva:
sul tavolo una mela
marcisce
Takahama Kyoshi (1874-1959)

Si contrappongono due descrizioni che trasmettono sensazioni diverse. A singole parole (*estiva / marcisce*) è affidato il compito di trasmettere precise sensazioni.

In Italia ci sono stati autori che si sono cimentati in haiku o che hanno preso ispirazione da questo tipo di componimento per le loro poesie-frammento, finalizzate a fissare un'immagine e una sensazione. Per alcuni critici anche Giuseppe Ungaretti, nella sua prima produzione poetica, caratterizzata da brevità ed essenzialità, si è ispirato all'haiku giapponese:

Il cielo pone in capo
ai minareti
ghirlande di lumini

(G. Ungaretti, *Notte di maggio*)

ATTIVITÀ

1. Prendi ispirazione dagli haiku per comporre alcuni "frammenti" poetici di tre versi che ricordino questo stile, pur senza il rispetto del vincolo metrico delle more. Mantieni però la proporzione tra le sillabe (il primo e l'ultimo verso di una lunghezza pressoché uguale, inferiore a quella del verso centrale: non necessariamente i versi devono essere di 5/7/5 sillabe, perché la corrispondenza tra more e sillabe non è immediata).

- Ricorda che l'haiku deve "catturare" un'immagine: prova dunque a pensare a qualcosa del paesaggio circostante che ti ha veramente colpito mentre, per esempio, camminavi o stavi facendo qualcos'altro. Non descrivere tutto quello che hai visto, ma concentrati solo su un dettaglio e cerca di mostrarlo a chi legge, senza spiegare esplicitamente la sensazione che hai provato.
- Prova a scrivere un frammento anche più lungo di tre versi e poi fai un lavoro di "limatura", eliminando il superfluo e rielaborando il testo per arrivare, per gradi, a una forma sintetica di tre versi. Scegli poche parole ma incisive.
- Ricerca altri esempi di haiku o poesie-frammento che a essi si sono ispirate.
- Leggi questa poesia di Mario Chini (1876-1959), scrittore e critico che tradusse poesie giapponesi e sperimentò haiku in italiano, completi di titolo, poi riuniti nella raccolta *Attimi* (*Haikai*). Si tratta di una meta-poesia, che riflette sull'haiku stesso:

L'Haikai
In tre versetti
tutto un poema, e, forse,
tutta una vita

5. ELENCHI IN VERSI

TECNICA: POESIA-INVENTARIO

È una poesia in cui i versi, liberi, descrivono una serie di immagini o azioni, accostandole una all'altra per trasmettere il messaggio contenuto nel titolo. Ne deriva una sorta di "elenco", una specie di album che raccoglie una catena di foto suggestive.
Può essere un modo per descrive un ricordo, un momento particolare della giornata, un'esperienza vissuta, e i suoi versi possono avere un andamento prosastico.

Un esempio è la poesia-inventario di Corrado Govoni (1884-1965):

I versi sono costituiti da un elenco di oggetti, persone, immagini che il poeta associa al giorno della domenica.

Le cose che fanno la domenica
L'odore caldo del pane che si cuoce dentro il forno.
Il canto del gallo nel pollaio.
Il gorgheggio dei canarini alle finestre.
L'urto dei secchi contro il pozzo e il cigolìo della puleggia.
La biancheria distesa nel prato.
Il sole sulle soglie.
La tovaglia nuova nella tavola.
Gli specchi nelle camere.
I fiori nei bicchieri.
Il girovago che fa piangere la sua armonica.
Il grido dello spazzacamino.
L'elemosina.
La neve.
Il canale gelato.
Il suono delle campane.
Le donne vestite di nero.
Le comunicanti.
Il suono bianco e nero del pianoforte.
Le suore bianche bendate come ferite.
I preti neri.
I ricoverati grigi.
L'azzurro del cielo sereno.
Le passeggiate degli amanti.
Le passeggiate dei malati.
Lo stormire degli alberi.
I gatti bianchi contro i vetri.
Il prillare delle rosse ventarole.

Lo sbattere delle finestre e delle porte.
Le bucce d'oro degli aranci sul selciato.
I bambini che giuocano nei viali al cerchio.
Le fontane aperte nei giardini.
Gli aquiloni librati sulle case.
I soldati che fanno la manovra azzurra.
I cavalli che scalpitano sulle pietre.
Le fanciulle che vendono le viole.
Il pavone che apre la ruota sopra la scalèa rossa.
Le colombe che tubano sul tetto.
I mandorli fioriti nel convento.
Gli oleandri rosei nei vestiboli.
Le tendine bianche che si muovono al vento.

(da C. Govoni, *Gli aborti*, 1907)

Un'altra poesia-inventario, sempre di Govoni:

Dove stanno bene i fiori
I ciclami, nei chiostri di marmo.
Le ortensie, nelle rosse Certose.
Le margherite, nei prati.
Le viole, tra le foglie secche
lungo i fossi.
La malva, nelle pentole dei poveri, alle finestre.
Gli oleandri, nei vestiboli dei ricchi.
Le rose, dentro gli orti di campagna.
I tuberosi, nei giardini dei collegi.
Le aquilegie, nei cortili dei castelli antichi.
Le ninfèe, come
bianche lavandaie, sotto i ponti.
Gli edelvai, vicino ai nidi delle aquile.
I convolvoli, nelle siepi delle strade.
I glicini, sui ruderi.
L'edera, come una decorazione verde
intorno agli alberi veterani.
I gigli, sugli altari e in processione.
Le orchidee, simili ad aborti, nei bicchieri.
Le azalèe, nelle chiese protestanti.
Le camelie, nei vasi di maiolica sulle scale.
I narcisi, davanti agli specchi.
I garofani rossi, nella bocca delle amanti.
I crisantemi, sulle tombe e nelle tavole.
I pensè, come maschere curiose alle finestre.
I papaveri, nel frumento.
I begliuomini dai fiori ascellari
simili ad arlecchini, negli orti delle zitelle.

Le violacciocche, lungo i viali delle passeggiate.
I semprevivi, nelle camere dei malati e davanti ai santi.
I gelsomini, alle finestre degli ospedali.
I funghi, nei boschi umidi
nelle travi marcite
e nell'anima mia.

(da C. Govoni, *Gli aborti*, 1907)

ATTIVITÀ

1. Ispirandoti alla poesia di Govoni scrivi la tua versione delle "cose che fanno la domenica" attraverso una nuova poesia-inventario.
2. Crea altre poesie-inventario sui seguenti temi:

- le cose che fanno l'estate
- le cose che fanno il lunedì
- le cose che fanno l'infanzia
- le cose che fanno la scuola
- le cose che fanno l'attesa
- le cose che fanno la notte
- dove sta bene la musica
- dove stanno bene i colori

Prima di comporre la poesia, scrivi su un foglio bianco la parola su cui sei chiamato a riflettere (estate, notte, colori ecc.) e, attraverso la tecnica del *brainstorming* (vedi allenamento n. 4), crea una lista di parole, frasi, sensazioni che associ al termine in questione.

6. METTIAMOCI IN ASCOLTO

TECNICA: CREARE EFFETTI FONICI

La poesia utilizza un linguaggio "figurato", impreziosito di significati rispetto a quello che usiamo quotidianamente o che possiamo leggere in un testo letterario in prosa.
Questo avviene anche grazie alle **figure retoriche**, ovvero agli strumenti che consentono di creare quello "scarto" dalla norma che distingue il linguaggio poetico dalla lingua comune.
Le figure retoriche possono essere di **suono**, di **ordine** o di **significato**.

Come la musica, la poesia prima di tutto invita a essere ascoltata: le parole sono disposte in modo tale da creare suggestivi effetti fonici grazie a:

- **figure retoriche di suono**: effetti suggeriti dal suono delle parole: ripetizione di suoni vocalici e consonantici in parole vicine (*allitterazione*) o imitazione di suoni reali (*onomatopea*);
- **rime** (vedi la scheda a p. 137);
- **assonanze e consonanze**: identità di vocali (assonanze) o di consonanti (consonanze) finali nelle parole che si trovano in posizione di rima.

Il suono delle parole può essere un mezzo per trasmettere il messaggio della poesia (**fonosimbolismo**): la ripetizione di suoni chiari, aperti, ampi, dolci (*a, l, c, g* velari ecc.) può suggerire una sensazione di positività e armonia, mentre l'insistenza su suoni cupi, aspri, duri (*u, o, r, c, g* gutturali ecc.) trasmette inquietudine, ostilità, durezza.

La poesia *Il tuono* di Giovanni Pascoli (1855-1812) è intessuta di figure retoriche di suono ed è un esempio di fonosimbolismo:

Il tuono

E **n**ella **n**otte **n**era come il **n**ulla,
a un **tratt**o, col **fr**ago**r** d'a**rd**uo **dir**upo
che frana, il tuono rimbombò di schianto:
rimbom**bò**, **rimb**alzò, **rot**olò cupo,
e tacque, e poi **r**ima**r**eggiò **r**in**fr**an**t**o,
e poi vanì. Soave allora un canto
s'udì di madre, e il moto di una culla.

(G. Pascoli, da *Myricae*, 1900)

Allitterazione: si ripete il suono *n* in parole vicine.

La parola *rimbombò* è onomatopeica: imita il suono reale del tuono.

Allitterazione del suono *r* all'inizio o all'interno di parole vicine.

Le figure retoriche di suono insistono su suoni aspri e cupi, trasmettendo una sensazione di paura e inquietudine.

Ecco invece come Aldo Palazzeschi (1885-1974) descrive il singhiozzare di una fontana:

Uso di onomatopee, cioè di parole che riproducono il suono reale.

Clof, clop, cloch,
cloffete,
cloppete,
clocchette,
chchch......
È giù,
nel cortile,
la povera
fontana
malata;
che spasimo!
Sentirla
tossire.

(A. Palazzeschi, da *Poemi*, 1909)

Leggi infine come il poeta Arturo Onofri (1885-1928) gioca con suoni vocalici e consonantici aperti e dolci per suggerire l'atmosfera di un sereno tramonto:

Cielo / velo: le due parole rimano tra loro, però *cielo* non è alla fine del verso: si tratta di un *rima interna.*

Assonanza tra *mimosa* (v. 4) e *ora*: le vocali finali (dall'ultimo accento tonico della parola) sono identiche, mentre diversa è la consonante.

Sonno di nuvole
Impallidisce il ci**elo**
appannato di un v**elo** **rosa**
nella brezza legg**era**
che non fa chiuder foglia di mim**osa**
ed **ora**
dalle palpebre stanche della s**era**
destar le prime st**elle**
in un occhieggiar vivido, che v**aria**
quasi per ciglia invisibili, d'**aria**.
E salgono i pianti dei gr**illi**
cullando il sonno dell'erba già br**una**,
lungo i roveti che s'empiono di tr**illi**,
per la nascente l**una**.

(A. Onofri, da *Poesia italiana contemporanea*, Guanda, 1961)

Rima tra *rosa* (v. 2) e *mimosa.*

Consonanza tra *stelle* (v. 7) e *grilli*: le consonanti finali (dall'ultimo accento tonico della parola) sono identiche, mentre diverse sono le vocali.

ATTIVITÀ

1. Scegli una delle situazioni che ti suggeriamo di seguito, mettiti in ascolto dei suoni e prova a descriverli in una breve poesia, avvalendoti di figure retoriche di suono, rime e assonanze. In qualche caso prova a creare effetti di fonosimbolismo, utilizzando il suono di vocali e consonanti per trasmettere una sensazione:

- vento che soffia;
- onde del mare;
- rumori della città;

- entrata dei ragazzi a scuola;
- ronzio di insetti;
- pioggia leggera;
- fruscìo delle foglie;
- rumori di una casa che "si sveglia";
- notte estiva.

Prima di scrivere, mettiti *davvero* in ascolto dei suoni indicati, dedicando a questa attività un intervallo di tempo. Poi scrivi, ripensando alle sensazioni che quei suoni ti hanno suggerito.

Per ispirarti, leggi anche questa poesia di Arthur Rimbaud, dedicata alle immagini e sensazioni suggerite dalle vocali:

Vocali

A nera, E bianca, I rossa, U verde, O blu: vocali,
Io dirò un giorno i vostri ascosi nascimenti:
A, nero vello al corpo delle mosche lucenti
Che ronzano al di sopra dei crudeli fetori,
Golfi d'ombra; E, candori di vapori e di tende,
Lance di ghiaccio, brividi di umbelle, bianchi re;
I, porpore, rigurgito di sangue, labbra belle
Che ridono di collera, di ebbrezza penitente;
U, cicli, vibrazioni sacre dei mari viridi,
quiete di bestie al pascolo, quiete dell'ampie rughe
che alle fronti studiose imprime l'alchimia.
O, la suprema Tuba piena di stridi strani,
Silenzi attraversati dagli Angeli e dai Mondi:
– O, l'Omega e il raggio violetto dei Suoi Occhi!

7. OLTRE L'APPARENZA

TECNICA: CREARE INSOLITI SIGNIFICATI

Il linguaggio della poesia è "figurato": spesso utilizza le parole non nel loro significato letterale e oggettivo (denotativo), ma in senso simbolico (connotativo), con sfumature soggettive di significato.

La connotazione sta alla base delle **figure retoriche di significato**, ovvero di parole il cui significato è amplificato o diverso rispetto a quello che hanno nella lingua comune.

Può trattarsi di:

- paragoni:
  - **similitudine**: paragone tra due immagini che hanno qualcosa in comune, collegate da nessi logici (come, simile a, ecc.). Es.: Era luminosa *come il sole*;
  - **metafora**: paragone implicito tra due immagini con qualcosa in comune, senza nessi logici di collegamento. Es.: Mi sentivo *un leone*;
- insolite associazioni di parole:
  - **ossimoro**: accostamento tra due parole di significato opposto. Es.: Nel cuore avevo una *dolce ferita*;
- esagerazioni:
  - **iperbole**: utilizzo di un'espressione esagerata: Es.: *Spegnete il sole!*
- nuove identità:
  - **personificazione**: un oggetto inanimato o un concetto astratto vengono rappresentati come se fossero esseri umani. Es.: A passi lenti è arrivato *l'autunno.*

Il poeta Vincenzo Cardarelli (1887-1959) descrive in questa lirica il calare della sera:

Sera di Liguria

Lenta e rosata sale su dal mare
la sera di Liguria, perdizione
di cuori amanti e di cose lontane.
Indugiano le coppie nei giardini,
s'accendon le finestre ad una ad una
come tanti teatri.
Sepolto nella bruma il mare odora.
Le chiese sulla riva paion navi
che stanno per salpare.

Personificazione: la *sera* sale dal mare, quasi fosse una figura femminile che esce dall'acqua.

Finestre *come* teatri è una similitudine: le luci delle case che si accendono assomigliano a tanti teatri in cui si apre il sipario.

Chiese *paion* navi è una similitudine: le chiese sul molo assomigliano a navi che stanno per lasciare il porto.

In questa poesia, scritta in occasione della morte della persona amata, Wystan Hugh Auden (1907-1973) sfoga il dolore in una serie di esagerate richieste:

Fermate tutti gli orologi, isolate il telefono,
fate tacere il cane con un osso succulento,
chiudete i pianoforte, e tra un rullio smorzato
portate fuori il feretro, si accostino i dolenti.

La richiesta è volutamente esagerata: si tratta di un'iperbole.

Incrocino aeroplani lamentosi lassù
e scrivano sul cielo il messaggio Lui È Morto,
allacciate nastri di crespo al collo bianco dei piccioni,
i vigili si mettano guanti di tela nera.

Lui era il mio Nord, il mio Sud, il mio Est ed Ovest,
la mia settimana di lavoro e il mio riposo la domenica,
il mio mezzodì, la mezzanotte, la mia lingua, il mio canto;
pensavo che l'amore fosse eterno: e avevo torto.

Le metafore (*lui* era il mio *Nord... la mia settimana di lavoro... il mio canto*) servono a esprimere l'intensità del sentimento e l'importanza dell'amato, unico riferimento nella vita del poeta.

Non servon più le stelle: spegnetele anche tutte;
imballate la luna, smontate pure il sole;
svuotatemi l'oceano e sradicate il bosco;
perché ormai più nulla può giovare.

Altre iperboli costituite da esagerate richieste servono a esprimere un dolore altrettanto incontenibile.

In questa poesia l'iperbole è servita a Eugenio Montale (1896-1981) per parlare del lungo rapporto con la moglie:

Ho sceso, dandoti il braccio, almeno un milione di scale
e ora che non ci sei è il vuoto ad ogni gradino.
Anche così è stato breve il nostro lungo viaggio.
Il mio dura tuttora, né più mi occorrono
le coincidenze, le prenotazioni,
le trappole, gli scorni di chi crede
che la realtà sia quella che si vede.

L'immagine iperbolica di *un milione di scale* evidenzia la lunghezza della relazione tra il poeta e la moglie.

breve / lungo è un ossimoro: i due aggettivi sono in contrapposizione per indicare che la vita che si passa insieme alla persona amata, nonostante duri molti anni, è sempre troppo breve.

Viaggio è una metafora per indicare la vita.

Ho sceso milioni di scale dandoti il braccio
non già perché con quattr'occhi forse si vede di più.
Con te le ho scese perché sapevo che di noi due
le sole vere pupille, sebbene tanto offuscate,
erano le tue.

ATTIVITÀ

1. Osserva un paesaggio a cui sei particolarmente affezionato. Soffermati sui vari elementi che lo compongono (per esempio nuvole, alberi, fontana, panchina ecc.) e poi divertiti a pensare a che cosa somigliano: infine descrivili in un testo poetico utilizzando similitudini e metafore.
2. Usa una similitudine o una metafora per esprimere:
   - un sentimento di panico;
   - l'importanza che qualcuno riveste nella tua vita;

   Prova a inserire nel tuo componimento anche un ossimoro.
3. Attraverso una personificazione descrivi in pochi versi:
   - l'arrivo della primavera;
   - l'alba;
   - un sentimento di rabbia.
4. Con un'iperbole descrivi:
   - un attimo di felicità
   - un momento di noia
5. Ti proponiamo adesso di scrivere una breve storia in prosa in cui immagini il motivo (realistico o fantastico) per cui è nata una particolare espressione iperbolica usata nella lingua comune. Puoi scegliere tra:
   - Scrivo due righe
   - Mi è costato un occhio
   - Affogo in un bicchier d'acqua
   - Tocco il cielo con un dito

   Per aiutarti, puoi ricercare metafore, similitudini e altre figure retoriche di significato nelle canzoni che ascolti: spesso, infatti, le canzoni utilizzano spesso similitudini e metafore per descrivere persone, paesaggi, emozioni:

«Passeranno gli anni, cambierò colore
ma io son sicuro che
saremo ancora noi due
come l'asino ed il bue
come il bianco e il nero»

(Jovanotti, *Ti sposerò*)

«*e la luna* in un silenzio
ora si avvicina
con un mucchio di stelle
cade per strada
luna che cammina
luna di città»

(L. Dalla, *Anna e Marco*)

8. CHAOS E KOSMOS

TECNICA: CREARE DIS-ORDINE

La poesia si caratterizza per un dis-ordine delle parole della frase, ossia un ordine diverso dal solito.
La **disposizione delle parole nel verso** è infatti funzionale al **messaggio** che vogliamo comunicare: alcune parole, proprio per la posizione che occupano, invitano il lettore a soffermare l'attenzione su di esse, perché sono più importanti di altre per cogliere il messaggio.
Può trattarsi di:

- una disposizione diversa dal comune soggetto-verbo-complemento;
- una parola isolata nel verso;
- una parola, o una serie di parole, ripetute;
- la separazione di una coppia di parole in genere unite;

Gli strumenti che abbiamo a disposizione per creare una disposizione che dia risalto ad alcune parole sono:

- **enjambement**: separa in due versi consecutivi gruppi di parole in genere unite (articolo-nome; soggetto-verbo; verbo-complemento oggetto; nome-attributo; nome-complemento di specificazione): mette in risalto le parole che separa;
- **isolamento** di una parola all'interno del verso, per amplificare l'importanza che si attribuisce a quel termine;
- **figure retoriche di ordine**: modificano l'ordine delle parole nella frase rispetto a quello della lingua comune. Tra esse ricordiamo:
  - **inversione**: alcuni elementi della frase hanno una posizione diversa rispetto all'ordine sintattico consueto (soggetto-verbo-oggetto) e acquisiscono così un rilievo particolare. Esistono vari tipi di inversione: in particolare l'anastrofe si ha quando viene anticipato o posticipato un elemento della frase rispetto alla norma.
  - **anafora**: una o più parole ripetute all'inizio di due o più versi.
  - **enumerazione**: un elenco di parole coordinate per asindeto (senza congiunzioni) o per polisindeto (con congiunzioni).

Delle parole isolate nel verso e degli spazi bianchi il poeta Giuseppe Ungaretti (1888-1970) ha fatto le caratteristiche della sua prima produzione poetica. In questa poesia si rivolge ad altri soldati come lui, durante la Grande Guerra:

Fratelli
Mariano il 15 luglio 1916
Di che reggimento siete
fratelli?
Parola tremante
nella notte
Foglia appena nata

Le frasi sono *frammentate* in versi brevissimi, dove le poche parole presenti acquistano un enorme peso, così come il silenzio dello spazio bianco.

Nell'aria spasimante
involontaria rivolta
dell'uomo presente alla sua
fragilità
Fratelli

Le parole isolate nel verso sono spesso termini-chiave per cogliere il messaggio della poesia.

La parola *Fratelli* dà il titolo alla poesia ed è più volte isolata nei versi: ciò significa che è una parola-chiave per il significato del testo.

Il poeta turco Nazim Hikmet (1902-1963) si rivolge al figlio con questa poesia:

Al figlio
Non vivere su questa terra
come un inquilino
oppure in villeggiatura
nella natura
vivi in questo mondo
come se fosse la casa di tuo padre
credi al grano al mare alla terra
ma soprattutto all'uomo
ma innanzitutto ama l'uomo.
Senti la tristezza
del ramo che si secca
del pianeta che si spegne
dell'animale infermo
ma innanzitutto la tristezza dell'uomo.
Che tutti i beni terrestri
ti diano gioia
che l'ombra e il chiaro
ti diano gioia
che le quattro stagioni
ti diano gioia
ma che soprattutto l'uomo
ti dia gioia.

L'enumerazione coordina una serie di parole senza né congiunzioni né virgole.

L'enumerazione coordina per asindeto una serie di complementi di specificazione (*del ramo, del pianeta, dell'animale*)

L'enjambement separa un nome (*la tristezza*) dal suo complemento di specificazione (*del ramo*), dando più risalto a questo costrutto (sottolinea che si tratta di un sentimento attribuito insolitamente a un elemento della natura).

Il poeta esorta il figlio ad amare la natura e il mondo e a trarre gioia da essi: questo è un messaggio-chiave nella poesia e per questo l'esortazione è ripetuta con un'anafora all'inizio di quattro versi.

ATTIVITÀ

1. Nelle poesie che hai letto i poeti si rivolgono ad alcune persone, a cui pongono domande per poi aprire una riflessione (*Fratelli*), oppure fanno un'esortazione (*Al figlio*) o dedicano un ricordo (*Al fratello*): prova anche tu a comporre alcuni versi-dedica a qualcuno (una persona, un luogo, un animale) "giocando" sull'ordine della frase con parole isolate e spazi bianchi, enjambement, figure retoriche di ordine.

NOTE